三代目 司法書士乃 事件簿

岸本和平

風詠社

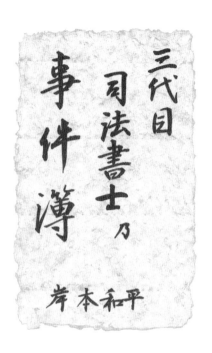

推薦文

岸本和平先生は、1969年3月に関西学院大学法学部を卒業し、お父様である岸本琢磨先生の経営されている司法書士事務所に勤務し、その年に司法書士試験に合格し、司法書士としての第一歩を踏み出されました。当初はお父様が何も教えてくれず、苦労を重ねられたようですが、その後神戸で1、2を争う事件数を処理する司法書士事務所に育て上げられました（この経緯は、本書の「三代目への道」の項に詳しく書かれています）。

私は、2010年頃、私が公証人として神戸公証センターに勤務していた時に、岸本先生と初めてお会いしました。確か遺言公正証書の作成を依頼されている嘱託人の代理人として来られたと思っています。その後、先生が一時大病をされて入院されていた期間を除き、私が退職する2019年7月までの約9年にわたり、一緒に仕事をさせていただきました。先生は、岸本司法総合事務所の所長として同事務所を運営されており、その仕事に取り組む姿勢は真摯で、その提出される資料等も的確であり、私は色々と勉強させていただきました。先生からは遺言や任意後見契約等の公正証書の作成依頼を受けることが多かったのですが、仕事での議論を通じて先生の誠実なお人柄を知ることとなりました。

先生は仕事以外でも、ゴルフや卓球のほか、読書（特に時代小説のファンだと聞いております）など多趣味で、そのお話も興味深かったですが、また空き家問題や認知症等遺言能力などの問題について、優れた問題意識を持っておられ、仕事の合間にそれらの議論をするのも楽しみでした。

ある時、先生から、先生が株式会社日住サービスの社内報に寄稿を続けておられる寄稿文を見てほしいとのお話があり、これらを拝見しました。お忙しい実務の合間にこのような寄稿を続けておられることに驚くとともに、どの寄稿文も平易な文章の中に、我々法律実務家が常に悩んでいる「依頼者の利益」や「手続の厳格性」などについて、先生の50年以上に及ぶ豊富な実務経験を基に、幅広い分野で含蓄のある指摘がなされていることに感心し、是非これらを書物にまとめられたら、とお勧めしました。

その後、この寄稿文を基に、新たに先生が書き下ろされたものなど、先生の著作をまとめて、「三代目司法書士乃事件簿」として出版されることとなったのが、本書です。今改めてこれらを通読しますと、先生の依頼者の目線に立って考えるなど、事件に取り組む厳格な姿勢が随所にうかがえるとともに、立法を先取りしたような提言もあり、法律実務家として大いに参考になるものと考えます。

本書を司法書士の方は言うに及ばず、弁護士、行政書士、税理士などの実務家やこれらの勉強をされている方、不動産取引を現に担当されている方、高齢者問題に関心のある方等多くの方に自信を持って推薦する次第です。

最後に、岸本先生のご子息の岸本吉史氏は２０１７年に司法書士試験に合格され、先生は今年の４月に事務所の代表をご子息に譲られたとのことであります。まさに後継者（四代目）が誕生したこととなり、今後事務所が益々発展することを願っております。

２０２０年６月

弁護士

元公証人・元判事　竹中　邦夫

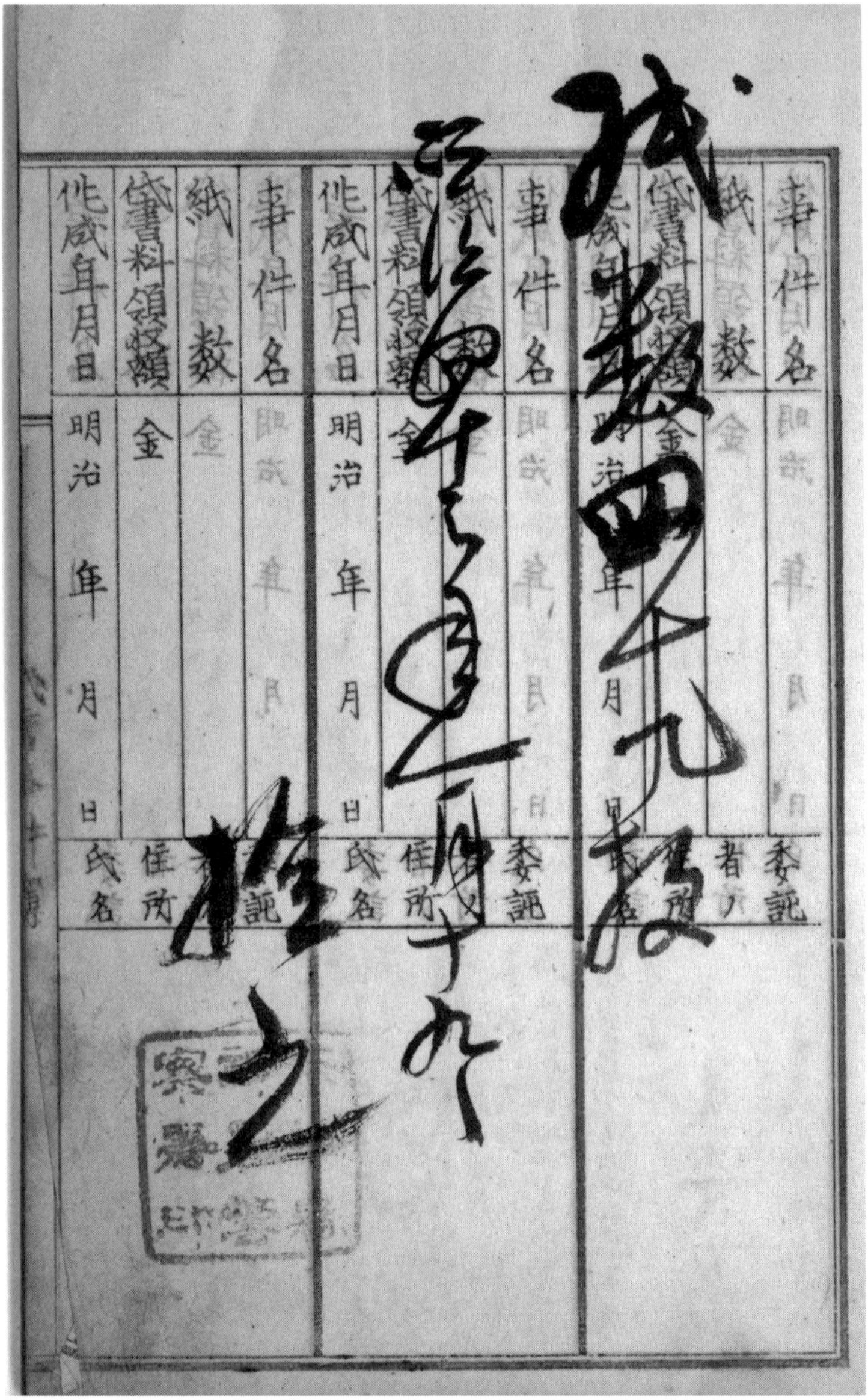

「代書事件簿」の先頭頁

三代目への道

関学法学部を卒業してすぐ、父の事務所で勤めた。

その年の1969年7月に受験し、10月に司法書士の認可を受けた。23歳になったばかりの司法書士が父の机の前の席で電話をすると、すぐ父の横槍が入った。57歳の父にとって私は生意気だったのだ。世間を何も知らないライバルの1人となっていた。

4人の事務員も何も教えてくれない。仕事を手伝わせてくれなかった。すぐに行き詰まった。また、司法書士が行う業務について、その範囲の広さと複雑さを何も知らない自分に気付いた。同時に、この仕事は1人ではなくチームとして対応しなければならないのに、事務員たちとは仲が悪くなってしまった。

面白くない毎日が続き、1年もたなかった。辞めようと思い家で2週間ほど過ごした後、九州へ旅立った。リュックに『九州の旅』という写真集と郵便貯金通帳を持って。

九州の人たちは温かかった。雲仙、霧島、阿蘇の山々もやさしく迎えてくれた。温泉巡りをしながら北から南を彷徨った。２週間ぐらい経った日の阿蘇の温泉で、中年のゴルファーの方と同宿した。話を聞いてくれ、諭してくれた。次の日のゴルフにも誘ってくれた。感謝の言葉でゴルフは断り、別れた。翌日、帰りの九重連山のバスガイドさんは美人でやさしく、温かく見送ってくれた。九州は心のふる里になった。

帰った翌日の日曜日、事務所に行き本の整理をした。翌月曜日からは法務局への出張、建物測量の補助、銀行等の書類の届けなど外回りは全て私がした。父は人の名前をよく覚え、神戸の地図に明るく判断も早かった。また、字は達筆で人気があった。が、私が銀行に度々行くことを嫌った。当時の司法書士は高齢者の方が多く、事務所内で執務した。私のように飛び回る人はいなかった。私は現場主義で相談事はすぐ現地を見に行き、相談者の目線で考えた。

ある大企業の造船会社の神戸工場人事担当係の人と知り合い、数千人の方の種々の相談事を一緒に解決した。登記だけの仕事ではないので勉強になった。この時代は仕事が楽しかった。金庫の人との勉強会や、銀行や宅建主任のグループの人の勉強会の講師も務めさせてもらった。積極的に行動した。

事務所の改革では法人全てのファイルを作成した。１社に１枚表側に目的以外の必要事項、裏側は役員一人ひとりの名前を中心に数十年の経緯が分かる表示を考えた。

この作成は事務員に断られたのでアルバイトを雇い、３ヶ月ほどで全社作成した。また、一事件ごとに指令書を作成し、特注のビニール袋で処理するようにした。指令書表側に全ての事項を記載して、進行状態が分かるようにした。

他にも種々改革をした。事務員は非協力的だったが推し進めた。

法人ファイル 表

ファイル番号	電話	係
—		

商号	1		登		登		
	2						
	3		登		登		
本店	1		登		登		
	2						
	3		登		登		
支店	1		3				
	2		4				
一株の金額	金　円	発行する株式の総数	株	登	株	登	
発行済株式の総数	株	登	株	登	株	登	
資本の額	円	登	円	登	円	登	
決算期		成立年月日	年　月　日				
譲渡制度							
その他							

法人ファイル 裏

取締役の氏名

1	5	9	13
2	6	10	14
3	7	11	15
4	8	12	16

・ ・ 登	・ ・ 登	・ ・ 登	・ ・ 登
・ ・ 登	・ ・ 登	・ ・ 登	・ ・ 登
・ ・ 登	・ ・ 登	・ ・ 登	・ ・ 登
・ ・ 登	・ ・ 登	・ ・ 登	・ ・ 登
・ ・ 登	・ ・ 登	・ ・ 登	・ ・ 登

代表取締役の氏名住所

1		4	
2		5	
3		6	

・ ・ 登	・ ・ 登	・ ・ 登	・ ・ 登
・ ・ 登	・ ・ 登	・ ・ 登	・ ・ 登

監査役の氏名

1	3	5	7
2	4	6	8
・ ・ 登	・ ・ 登	・ ・ 登	・ ・ 登
・ ・ 登	・ ・ 登	・ ・ 登	・ ・ 登

岸本事務所　電話 341－1575

父は私が34歳の12月に、69歳で亡くなった。

その年の事件件数（1つの登記を一事件と数えます）は5千件を超えていた。次の年の35歳からの10年は激務だった。すぐに神経がプチリと切れそうになった。事務所の行き帰りに、年長の事務員と2時間ほど世間話をすることで乗り切った。すぐに家族のために毎月の掛け捨ての生命保険に入った。

40歳を過ぎた頃、字が読めなくなった。急性緑内障で失明寸前と言われ、至急レーザー光線での手術が予定された。他の医院に駆け込み、点眼処置で治した。その後の人間ドックでの直腸検査で心臓が止まった。医師の適切な処置で回復した。即入院させられ、精密検査の後2日で退院した。

45歳頃から、昼からさぼって関学高等部の卓球部に行った。イップスでラケットを握れない身体だったが、高校の卓球生活がよみがえり、心を癒してくれた。また、夜に三宮へも行くようになった。すぐに事件数は半分になった。が、当然だと思っていた。

50歳の時、阪神大震災が起きた。先頭に立って頑張った。東灘区役所の相談員を務めたり、事務所での相談を多くやった。被災者の相談事を多く重ねると、私自身のエネルギーも失い疲れがひどかった。

また昔の激務に戻った。体力と気力をつけるために何かをと考え、嫌いだったゴルフを始めた。室内での教室で、３ヶ月レッスンを2回受けた。６ヶ月教えを受け、事務所帰りに3番アイアンで毎日数百発打った。疲れてすぐ眠れた。そしてゴルフにはまってしまった。震災後の10年間は夢中で仕事に励んだ。ゴルフは健康と家庭のため週1回に留めるように心掛けた。

50代は経験も積み、被災者の相談や種々の事件の対応もできたことが嬉しかった。経理は大きな着服事件もあった。また、お得意様も訴訟案件が出たが、全て勝利で解決した。この頃の事務所は雇用司法書士に来てもらうようにしたが、対応に苦しんだ。多くは解雇した。

60代以降の話は、目次の後に書かせてもらう。

本項を書こうと思いを巡らせ、父のことや祖父のこと、3年前に34歳で司法書士になった息子のことなどを考えていると、私が背負ってきた時々の苦難や病気の危機の時期は、一代目から四代目までの４人とよく重なることに気付いた。

祖父の49歳の死、父の69歳での死、私にも同じような危機があり、私は幸運にも脱せられた。52年間司法書士を無事務められたのも、ご先祖様たちが見守ってくれたのであり、良き人たちに助けられたからだと分かった。偶然の積み重なりが今にある。

三代目司法書士は、司法書士を務め終えて四代目に引き継いで初めて三代目と言えると思った。それほど司法書士になってからのほうが難しい道を歩むことになる。私がここまでたどり着けたのも、恩師である菊地博先生からの「人生、一に健康、二に家庭、三が仕事の順でやりなさい」という言葉を大切にしたからかもしれない。

読者の方の中に司法書士の方がおられるなら、その重責も健康であって家庭を守ってこそ果たせると考えている今日この頃です。ご活躍を祈念します。

２０２０年3月31日

三代目司法書士乃事件簿◆目次

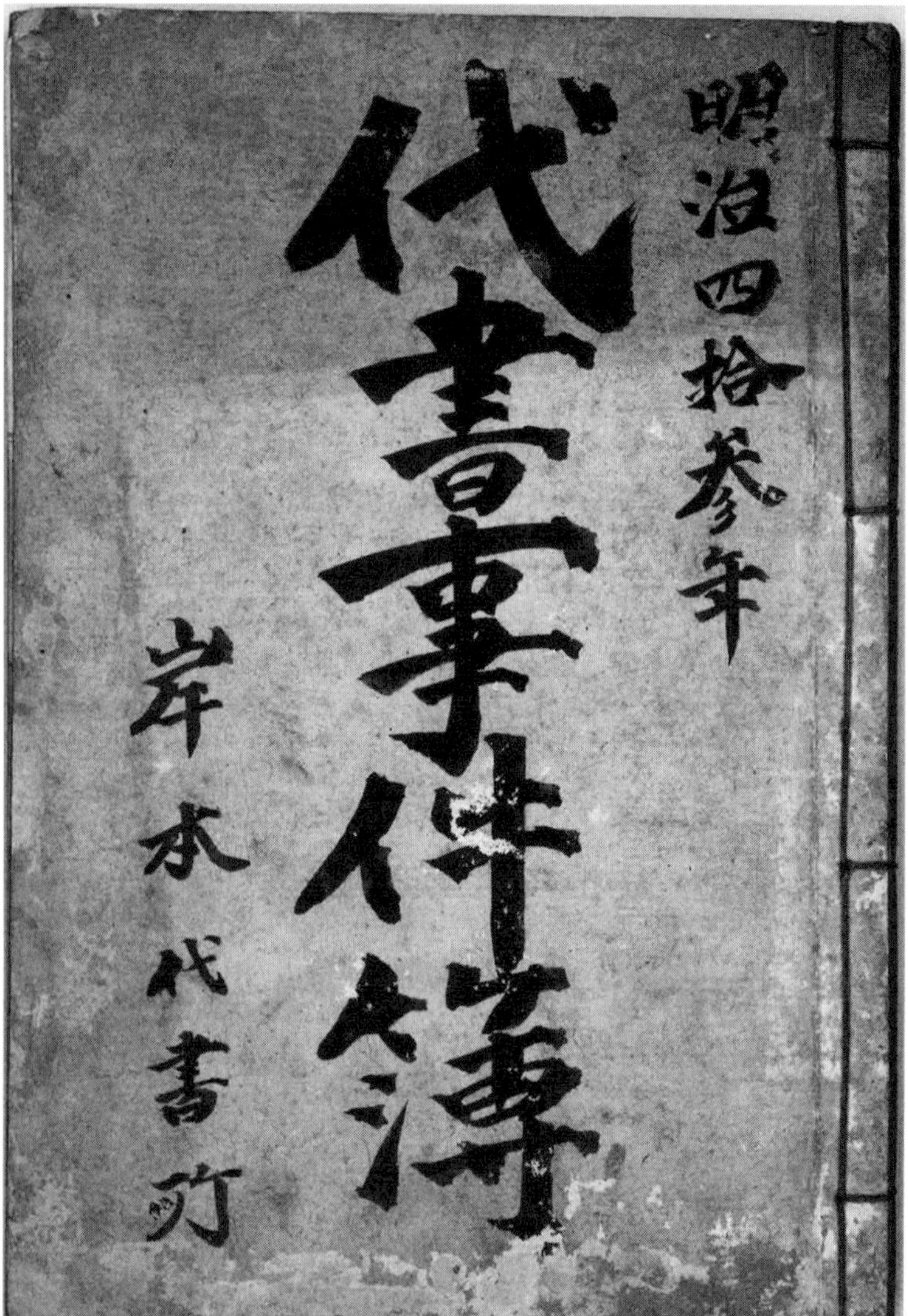
明治四拾参年
代書事件簿
岸本代書所

はじめに　～寄稿文について～

定年のない老いた司法書士の老後のことを考えた。どうされているのだろう。

本書を自費出版といえど世に出せる幸せを感じた。芸術家は作品を残せるが、司法書士は権利書となった字のみではないか。

一代目の岸本市治の明治43年（１９１０年）の事件簿（法務局への登記提出記録）が残されていて、祖父の字を知った（右頁参照）。神戸地方裁判所内で若くして代書人に任じられ、司法書士制度開始当初の数少ない司法書士として活躍し、49歳で世を去った。

二代目の父岸本琢磨は勤めていた会社を辞し、勉強後すぐに司法書士の認可を得て29歳で開業し、35歳の時に私が生まれた。

今私、岸本和平は73歳で本文を書いている。２０２０年４月に四代目岸本吉史に司法書士法人の代表を譲った。彼は3年前の2017年に試験に合格し現在37歳である。この先何年生きられるか、何をするか考えた時、冒頭の疑問が生じた。

日住サービスの元社長の野村英雄氏より60歳の時、会社で発行している不動産情報誌に寄稿するよう頼まれた。一番苦手な事柄だった。当時1年間に6回発行の情報誌に寄稿するのは1~2年ほどで充分と考えて、書き出した。対象の読者は情報誌の不動産に興味のある方々であるが、日住サービスの社員の方々の勉強のためとも考え、毎回別の話題を書いた。

努力していくうちに、ある時、文章が残る喜びを感じた。良い文章が出来た時の達成感と嬉しさは何物にも代え難かった。後々に私の足跡が残るため、より一層の努力を重ねた。文章を書き続けることは思考を積み重ね、脳を活性化させる。脳の隅々までの枝に葉を茂らせるのではないかと感じた。この10年ほど、私は自分で言うのも何であるが、成長できた。

しかし老化か、仕事も辛く感じられ、3ヶ月に1回発行される情報誌の期日までに原稿を書き上げられなくなった。力が尽きた感じで、2018年10月の「心・技・体」で終わった。計50話を11年間で書き続けた。しかしこの習慣を続けるために、その後も自分のペースで書き続け、現在に至った。

仕事柄、公証人で元判事、現弁護士である竹中先生に最近の文を読んでもらう時があった。先生から誉めていただいた言葉も励みになった。背中を押され、本にして残そうと考えた。残すからには少しでも良いものを、もう少し、もう少し、と考えて本書となった。

必要な部分だけでも読まれて、お役に立てていただければ幸いです。

２０２０年４月６日

＊注1　本書の内容は執筆当時のものであり、法の改正等には対応できていません。本書により対策を考える場合は配慮願います。

＊注2　目次にある各項目の下に、執筆した年を記載しました。新しい文から古い文の順に掲載しています。

＊注3　1話から4話までは司法書士法人岸本事務所のホームページ（http://kishimoto-shiho.jp）に掲載した文、5話から50話までは株式会社日住サービスの情報誌に寄稿した文、51話は北六甲カントリー倶楽部の会報に寄稿した文となっています。

三代目司法書士乃事件簿

1話　実印の怖さ

実例1

Aが所有する不動産を業者Bが買取り、Cに売却した。買主CとCに融資をする銀行Dの依頼で不動産取引に臨んだ。A、B側の代理人司法書士（甲）が必要書類を得てC、Dに代金の支払いを求めたが、私の事務所の司法書士（乙）はBの実印の相違を発見して取引を中止、延期した。

実例2

株式会社の代表を変える取締役会では出席者全員の実印と印鑑証明書添付が求められる時がある。私が若い時代補助者から「その議事録の押印の一つが不鮮明で補正が出た。再押印の必要がある。担当登記官は非常に厳格なSさんだ」と連絡があった。その印は数万人の社員を擁する親会社の会長の実印だった。子会社の部長に連絡すると絶句した。

実例３

私の知人が土地約数千㎡をマンション業者Aに売却した。聞いた時、知人はそのマンション業者Aに不満をもらしていた。後日、知人はAを契約解除して他のマンション業者Bに売却したと聞き驚いた。理由は、A社との契約書に割印が抜けていたとのことだった。

実例１の対応では、本来A、Bは代理人司法書士（甲）の責任で取引を行う。C、Dの代理人司法書士（乙）は、A、B間の移転及びBの義務者の必要書類の確認をする必要があるかどうかの問題が生じる。私は当然C、Dのために完全な所有権取得の代理人となるのであるから調査できると考え行動してきた。印相違で生じる責任は私の事務所の存続にも及ぶ。決意を新たに厳格に対応しようと思う。

実例２の対応では、登記官の実印の印影の可否判断は覆りにくい。担当部長と選任された社長に事務所に来てもらい、私が対応するより直接当事者が行かれ、事情を説明されたほうがよい旨伝えた。好転した。すぐに選任された社長が出向かれたのがよかったと思った。

実例３の対応では、会社Aの担当者２人は首になった。上場会社Aは割印一部不足で裁判などできないと考えたのではないか。私が上司なら、割印の無いのを無視して契約を進める。私の知人からの割印の不足での契約無効主張は無いと考えるからである。この契約は有効と考える。私の知人は意識的に割印をしなかったかもしれない。押印する時は再度のチェックは必ず必要だ。

実印を押印してもらう時の注意

・高齢者の方の押印は注意しなければならない。高齢者の方は力がなく、また押印の時すべったり二重押になりやすい。

・押したくない方の押印は、押印時に少しひねったり印肉が悪かったり不鮮明な場合が多い。押したくない意志がそうさせるのか、注意が必要だ。

・朱肉の良否が押印に表れる。朱肉は必ず持参するようにしている。朱肉を付けすぎた場合、後日照合できなくなることがある。

・印の掃除がされてない場合、私は持参したティッシュできれいにする。ブラシは印を傷付けるので使わない。

・人には癖があり、下の方が二重押しになったり片方や下方の印影が薄くなる場合も問題だ。

・印が欠けている部分が多すぎる場合は、新しい印を役所で登録してもらう方法で対応する。4分の1以上欠けたらを目安にしている。

実印を照合する場合

・照合する方法は種々ある。一番多いのは、押印後その上に印鑑証明書を重ね上下して残像で確認する方法だ。あまりしつこくやると取引の場の雰囲気を壊すことがある。

・登記官の方の中には印鑑証明書の印影の部分を折り押印された印影と合わせ照合し、それを2～3回ほどされていた。

・一番難しいのは市販されている小判型の分だ。何度見ても同じように見えるが、2～3個持っている方も多く、本人もどれが実印か分からない時もある。神経をすり減らし照合する。

・私は印の中の字と字の空間の違いを調べたりその印によって色々な方法で照合する。観るだけの時も多い。

・過去、実印の他に実印に似せて造った偽造の印を持つ方が何人もいた。この印の違いを判断するのは容易ではない。経験上偽造印は小さく、99％同じでも1箇所は必ず相違している部分がある。また、使用する者は正しい印鑑とは断言しない。押印は本人にさせ、実印である旨宣言させるべきである。そのような対応の中で不審な状態が感じられる。

押印する場所

・名前の署名と重なって押印されてはダメだ。

・割印は契約書の場合、原則全員必要だ。実印を多く押印する書類には1から順次番号を記し、漏れないようにすべきだ。

・名前の上や下の場合もダメだ。名前の後に押印が必要だ。

・誤ったあるいは不鮮明な押印には原則その印の上方に重ねて同じ印を押し、横に正しい印を押す。

・訂正印は誤った文字の上に押すのを求められる。民法では遺言書訂正には方式が定められ、その頁の上方または横に何字削除何字加入というやり方で訂正する。2箇所の訂正には2つの訂正印を押すべきだ。

・不鮮明な押印になってしまったら、その横に鮮明な押印をする。3～4回押印する時もある。その時は不要な印影は斜線で消す。

その他の注意

・朱肉は新しい時は付きすぎるので、紙の質によりにじむ。付けすぎに注意が必要だ。
・必ずティッシュ、下敷（ゴム）を持参すべきだ。私は印がすり減ったり欠けたりした時には押印する紙の下にティッシュ2～3枚を置き、押印し鮮明な印影を得る。
・できたら印を預かり、司法書士の手で正確に押印するのが望ましい。当然、目前で押印確認し署名ももらう。
・不鮮明な押印は後日後悔のもとになるので、何度でも押印させてもらう対応が必要だ。

義務者として押印する時の注意

・再度の契約の押印は慎重に疑ってみる。止めるほうが無難。前の契約に問題があるので再度の押印が必要になり、多くの場合不利になる。専門家に見てもらうほうがよい。

・時間のない時の書面の押印は断るべき。押印署名する書面を事前にもらい、熟考する。また、押印する時は同じ書面か確認する。

・対価をもらう場合は比較的問題が少ないが、売買契約書などでは測量の有り無しや条件がある場合、よく理解してから押印すべき。

・保証人となる場合、原則断る。カード、医療、借り入れ等損失が想定できない場合がある。金銭消費貸借など最終的に責任を負う覚悟があるなら押印する。

・原則捨印は押さない。

認印と実印の違い

実印とは、印鑑証明書が取れる印である。それ以外の印は認印である。銀行の通帳に使用する印は銀行印と呼ばれる。通常使用している認印であることを証明されれば、本人が押印したと推定される。作成された書面は本人が作成した書面となり、否定することは難しい。認印だから安心だと考えるべきではない。

一度登記が完了すれば、たとえその添付書面の実印が相違しても、その登記は有効である。その登記の有効無効は押印者と国との争いになる。が、登記が完了していない時に押印者が実印でないと訴えたり登記官が判断すれば再押印が必要となる。登記提出前にその印影が不鮮明だと感じたら事前に担当者と打ち合わせするように心掛けている。押印した書面の種類で判断が違い、対応の方法も変わる。

運命を決する押印の場に50年以上立ち会ってきた。押印をもらう時は一瞬である。正確な押印を得ることが業務である司法書士には義務として全責任も生じるので、慎重な対応が求められる。

２０２０年４月８日

2話　認知症の方の遺言書作成

老いは誰にもやってくる。老いると行動力が半減し、判断力も減じる。その上、認知症となると法律行為（売買や遺言等）の意思の確認には最大限の注意が必要である。

私が22歳で司法書士のバッジを得た時、先達 木茂鉄先生著『不動産登記の原理』を読んだ。その中で「登記には人・物・意思の確認が重要」という言葉に共感し、今までやってきた。その中で意思の確認が一番難しいと感じている。

遺言以外での法律行為には成年後見人制度があり、売買などでは意思確認ができない時は、この制度で後見人を代理人として対応している。成年後見人に選任されている方が遺言書を作成する場合には民法９７３条の規定があり、たとえ認知症の方でも医師２名の立会で遺言書の作成が可能な場合もある。

認知症は、①時間　②場所　③人　の確認ができない順に進行すると、高名な医師長谷川和夫先生が説かれる。その進行の度合いを見るテストが存在する。インターネットで検索すると見られるので、参考にしてみてほしい。公証人に聞いたが、認知症の方で遺言書を作成しにくく感じたら、医師に認知症の鑑定書を作成してもらい、遺言できる状態であると確信してから作成するという。先のテストでは30点中20点ぐらいの基準を考えておられた。

今回、私は命題である認知症の方の遺言書作成の限界はどこにあるのかを考えてみたい。認知症は、①時間　②場所　③人　の順に意思確認しにくくなるとすると、①②なら作成可能で、③なら不可などと一定の基準を設定することは適当でないと考える。なぜなら経験上、認知症の方は日によって、または月や年によって好不調の差があるからだ。

認知症の方が成年後見人を選任されている場合は数少ない。また、公正証書作成に必要な準備書面では、成年後見人が選任されているか分からない。現実では公正証書遺言作成には、事前に準備された書面（遺言書）の内容を遺言者に口頭で質問したり確認するなどして公証人が意思確認をし、証人2名もその内容が遺言者の意思の通りであると確認できたとして、各自4名が署名押印して作成される。

元公証人で現在弁護士として活躍されている親しい人に話を聞いた。公正証書遺言が無効となる確率はどれくらいか尋ねると、公証人在職中に作成した遺言約２５００件のうち実際に無効となったのは1件とのこと。すなわち、その公証人の作成した公正証書遺言の無効の確率は2500分の1である。

では、公正証書遺言を作成するにはどうすればよいか、私見を書かせてもらう。

1．必要性

①民法は遺産に対して分割割合を定めている。②その民法の規定より相続人間での分割協議が優先し、③それより遺言が優先する。認知症の方が作成するには、後日の①や②に勝る次のような遺言書作成の必要性がなければならないが、必要性のない場合には無理して遺言書作成しなくてもよいと考える。

・遺産の中に分割したくない株式や不動産などがある場合
・外国人の方で日本の財産につき日本の民法の遺言制度を利用したほうがよい場合
・将来、遺産分割で紛争が考えられる場合
・特定の人や法人に遺産を遺贈したい場合
・相続人が存在しない場合

・相続人が妻のみで、子がいない場合
・分割に応じてくれない相続人が存在する場合　等々

2. 公平性

遺言の内容が将来の紛争を防ぎ、相続の苦労をなくし、その意思が相続人間で納得されることが望ましい。そのため作成にあたって全財産を調査して戸籍等で相続関係を調べ、全ての状態を把握した後に遺言者の意思を確認する必要がある。当然、遺言者の直接の言葉や会話で意思確認する必要があるが、他の相続人や影響力のある人は同席しないほうがよい。率直な気持ちで、希望が実現した場合にどのような結果になるかも話し合うべきである。また、遺言の内容は簡単なほうがよい。

例えば「私の全財産を妻のAに相続させたい」とか「私の会社の全株式を長男のBに相続させたい」といったものである。後者の遺言では、残りの遺産は分割協議されるか法定の割合で相続される。当然、認知症の方が元気で調子が良く、判断力が回復しているなど、意思の確認ができる時に限る。体調が整わない時は、何度も面談して遺言書を作成したこともあった。これらの準備をして公証役場での公正証書遺言作成に臨む。

3. 客観性

2の準備の様子を録画、録音したり、自筆証書遺言作成に挑戦してもらうなどといったことが考えられるが、公証役場での作成がより良い方法である。公証人、遺言者、証人2名のもと、厳格な質問、会話、本人の自筆の署名、証人2名の確認の署名、押印で作成されると、無効になりにくい遺言書が作成できる。私の友人の弁護士は、用心のため証人2人のうち1名を私に依頼されたことがあり、参加させていただき、公証人、弁護士、司法書士の3人の署名、押印で公正証書を作成している。

公正証書遺言を作成しにくい場合は、これらの手順の途中で自筆証書遺言作成の方向に転換することも可能である。この自筆証書遺言は要件があり、1つでも欠けると無効になるので、準備中に私たち司法書士や弁護士の同席の上で作成することをお勧めする。同時進行も可能で、公正証書遺言が作成できない時のために自筆証書遺言も作成することがある。

自筆証書遺言を法務局で保管してもらえる制度が2020年7月10日から実施される。その際、次の要件を満たさなければならないが、認知症の方がそのような要件を備えてこの制度を利用するのは公正証書遺言を作成するより難しいと考えている。

①遺言者が作成した遺言書を法務局に持参し本人確認をしてもらう

②要件を具備しているか外形的に審査してもらう

また、2020年の民法改正で次の条文が追加され施行される。民法3条の2（新設）「法律行為の当事者が意思表示をした時に意思能力を有しなかったときは、その法律行為は、無効とする」この条文追加のため、今後遺言書の無効を求める裁判が増えてくると考えられる。

先のような公正証書遺言を作成するためには、公証人の方々との信頼関係を構築することも重要だと考えている。全国で公証人は約500人、公正証書遺言書は年間11万件以上（2017年）作成される。公証人は元裁判官、元検事などの方々で遺言の善否はすぐに判断できる。正義に基づいた遺言書作成の依頼の積み重ねが信頼関係を育み、夜間や急な遺言、また病院などへの出張に応じてもらえる。

人は死ぬまで遺言書を作成する権利がある。認知症の遺言者が遺言作成の意志があり、かつ必要性があり公平性があるなら、客観性を整えた遺言書作成に限界まで協力したい。
ただし結果が正義となるよう慎重な判断をしたい。

2019年1月29日

3話　和解（即決和解）

生きる力を試される時がある。これでもかこれでもかと。若い時の記憶はより深く心に刻まれている。和解について思い出深いものを書いてみよう。

1

父親は69歳で亡くなった。私が33歳の時だった。救急車の担架が入らない父の小さな部屋から玄関まで10歩。隊員の「歩けるか！」の声が聞こえた。心臓を患っていた父は歩いた。玄関で即死した。私は自死だと思った。その日の午後より大晦日までの2週間は嵐の日々だった。１９８０年の年明け正月早々事務員と話し合い、友人の弁護士に私に対しての退職金支払いを求める訴状を裁判所に提出してもらった。

2

若い時の趣味の1つは釣りだった。四国の南西の端、足摺岬西の沖の島までよく磯釣りに行った。金曜の夜に出て月曜の朝に帰神し、そのまま働いた。2日間の磯釣りのため真夜中に走る。高知市内で泥酔の若者に後ろから追突された。

3

これも若い時の話だが、依頼者の女性が夫の覚書（「居住しているマンションを与える」と記載された内容）と権利書、印鑑証明書、実印を持参し、夫名義のマンションの持分の所有権移転登記を依頼してきた。暴力的な夫から離婚を前提としての話し合いでやっともらえた覚書なので、こちらの希望した本人意思確認の面談などとてもできないとのこと。断るか迷った。

1について

退職金の話は私が提案したことだが、即決和解調書を得て3月の父の準確定申告書、10月の相続税申告書に負債の証明書として使用した。相続税の申告書は後々の勉強のため私が作成した。この和解調書を得た理由は、私が多事件数の事務所を経営し、事件を処理するのは無理だと悩んだ末に考え出した結論だった。父親の事務員であったしがらみを排除し、一から私の判断で全てを決定できるようにしようという考えであった。過半数の事務員（7人のうち4人）が年上にもかかわらず、一体感が出て危機を乗り切った。また、父の所得税、相続税、事務員の所得税の節税となり、税務署にはこの即決和解調書は絶対的な証明書であった。

2について

釣りに行きたい希望が勝ち、念書で対応した。「飲酒運転中に追突しました。修理代を支払います」の念書一枚で沖の島に向かった。当然、免許証で本人の住所等連絡先を確認した。修理代金は神戸から請求し、全額すぐに支払われた。

3について

迷ったが、受託して所有権移転登記をした。私が断れば苦労して得た覚書が無になると考えた。すぐに依頼者の夫から抗議の電話があり、本人の意思確認が無いとして司法書士会に訴えられた。友人の弁護士に助けてもらった。弁護士は即時に夫の要求に応じて所有権移転登記を抹消した。後日、離婚とその所有権移転登記を求める裁判をし、勝訴して目的を達した。私は司法書士会から一番軽い戒告処分を受けた。一枚の念書で始まり、その念書で助けられた。心は清々しかった。

刑事の裁判は量刑で判断される。しかし民事の裁判は勝つか負けるかだ。４割の理屈があっても、６割の正当な主張の当事者が勝つ。そのため民事裁判では和解が勧められることが多い。ここでは詳細を極める裁判上の和解については触れずに、日々の生活で交わされる和解について念書等を作成する時の注意点を書かせてもらう。

・内容は支払い、確認、または新たに決めることが書かれるべき
・できたら本人に自筆で書かせる
・作成するに至った事情を書く
・完璧でなくてよい。今まで決まったことだけでよい
・日付を必ず記載する
・必ず本人の署名が必要。押印はなくてもよい

・書面は手帳等なんでもよい
・題目はなくてもよい。書くなら念書、覚書等々
・決まったらその場で即時に書かせる。即時が大切
・我慢、互譲の精神で
・時間的に長くなればなるほど和解できなくなる。早期に

和解の方法の一つとして、一方的に相手方に通知することもある。言葉だけでなく、手紙、内容証明郵便であれば後日の紛争に役立つ。和解のあったことの証明手段は念書等の他に録音、録画、証人の立会等種々ある。その時々の適切な方法を選択すべきである。また、公正証書の作成や公証役場で確定日付を得ることも考慮すべきである。

和解には高度な判断が求められ、各自の生き様が表れる。知らないことや判断がつかないことは、積極的に弁護士や司法書士などに相談することが望ましい。知らないことは言い訳にならない。法律行為には落とし穴が多くある。私は司法書士であるので代理人として行動するのには、簡易裁判所の訴訟額１４０万円以内に束縛される。

私は家庭での和解の重要性を感じている。
「すまない」
…沈黙。
すまない…は発した言葉で、勿論念書など作らない。
沈黙…は、2~3日読書すれば忘れられる。
年老いてからの人生、我慢が大切ですね。

2018年9月6日

4話　危機管理

日頃の些細な言葉、行為の有る無しで小さな出来事が起こり、次の展開へと舞台が変わる。それらが危機と変ずるかは、それを認識できるか否かによる。

予防法学を学ぶ者にとって今回の日大アメリカンフットボール部で起きた事件（以降、日大事件という）は興味深い。刻々と変化し、かつ状況がメディア等で詳細に分かるからである。

「驕る平家久しからずや」とは『平家物語』の冒頭の一節である。「若いときの色恋、壮年の闘争心、老いてからの慢心」が危機としたのは徳川家康である。

私の趣味であるゴルフを妻とプレーした時に、ある老御夫婦と一日一緒に過ごさせてもらった。その方がこんな話をしてくれた。

「海外で社員のゴルフコンペをした時のことなんですが、社員の一打がキャディーに当たって負傷させてしまい、病院に運ばれてしまいました。すぐにゴルフコンペを中止して参加していた社員たちから一人1万円ずつ集め、その社員を伴って病院にお見舞に行きました。その夜、キャディーの父親が訪ねて来られたのですが、感謝の言葉を述べて帰られたのです」

そのように淡々と話された言葉に、最高の危機管理の手本があった。最悪の場合、民事請求、裁判長期化、ほか刑事事件（重過失）による取調べ、出国不可、その国での評価の低下、商売の不振等々考えられる。

日大事件に関しては加害者であるM君の対応についてのみ書かせてもらう。事件前後の対応が参考になる。

事件後

・事件後、弁護士に頼った
・すぐに陳述書等書面にした
・すぐに記者会見して自分の言葉で謝罪等した。また、内容が立派だった
・被害者に謝罪しに行った

・他は無言を通した

事件前

タックルの位置に注目したい。被害者の肉が一番ある臀部にタックルしている。上下10cmずれておれば、秋のリーグ戦まで戦えない体または再起不能の体になり目的達成できた。結果として3週間で復帰できている。

これは直前の判断か、あるいは熟考しての行為と思われる。彼は技で日本代表に選ばれる人材である。技も心も存した。そのためコーチ、監督等々全てに満足させる方法を選んだのではないか。

命令に服し、結果を残し沈黙も考えられたが、社会、スポーツ等全てを考えて行動した。相当悩んだのではないか。良心も正義感も存したし、結果的には将来的に日大を助けることになるのではないか。

私の高等部の同じクラスの友人で陸上部主将であったS君は、大学に進学して関学アメリカンフットボール部に入部した。1年の時の練習でヘルメットが外れ、脳挫傷で大きな障害が残った。72歳の現在も、歩行も会話も満足にできない。そんな友人とともに人生を歩んできた者にとって日大事件は許せないが、M君の存在は大きい。

今後の日大の対応に期待したい。

２０１８年5月27日

5話　心・技・体（承継）

４年前、胃ガンの宣告を受けて闘病生活を過ごしたので、少しでも皆様の参考になればと標題に記した内容について書かせてもらいます。

強烈な21号台風が２０１７年10月に神戸に接近した時、私は九州一人旅をし、霧島温泉にいました。愛車で初日６００km、全行程１１００km走破しました。その10月に71歳の誕生日を迎え、かつ、息子が司法書士試験に合格（全国で６２９人）し、事務所の承継問題にも目途がついたことで旅立を決断しました。テレビ、ラジオ、音楽を断ち、無音の旅でした。限界に挑戦し、心に羽をつけようと考えていました。が、体力が続かなくなり、途中で帰ってきました。

私は２０１４年1月に胃ガンの告知を受け、２回の手術の後、８月に胃を全摘出しました。前年ぐらいから体調も悪く引退も考えましたが、諸般の事情もありガンと闘うことにしました。手術の一ヶ月前より炭水化物を全て断ち、５kgの減量に挑戦しましたが達成できませんでした。手術後3日目より、身体に10本ぐらいの管や線を付けてキャスターを頼りに1周140mの病院の廊下歩きを重ね、入院後13日目に退院できました。目標とした1ヶ月以内のゴルフラウンドも、退院後27日目で達成できました。

14年の手術後、15年に68kgの体重が50kgになりました。体力はゴルフを通じて回復を図ろうと、毎年50回を目標に毎週土曜日か日曜日にメンバーコースの北六甲CCに行くことを目標にしました。毎日の筋トレやラジオ体操も併せてやりました。

私にとって技とは仕事ですが、そのため入院中に数独と読書をと考えて本を持ち込んだものの、手が付けられませんでした。特に数独に対して考える力はありませんでした。

退院後も自分の能力は数独で知り、読書、手帳等で毎日朝4時起きで脳の活性化を図りました。特に手帳は2冊使い、1冊に日々の出来事や読書感想文等、もう1冊は好きな経済や会社研究を書き留めました。数独は何冊も買い、5冊ぐらい各所に置き沢山やりました。読書は佐伯泰英氏との出会いが幸運でした。安らぎを得ることができました。15、16、17年は年間150冊ほど読みました。手帳はできるだけ小さな字で丁重に書くことを心掛けました。朝の2~3時間が至福の時間になりました。

仕事は、退院の翌日より8時に出勤し昼まで普通にやりました。お客様方には入院中は旅行に行っていると伝えていたので仕事は山積みだったため、昼食後は2階の部屋で横たわる毎日でした。

日住サービスの情報誌への寄稿文はこの間も続けることができて、2007年7月号より10年間50話を重ねました。毎回題材を変えて書くのは難しいことでした。書き始めた時は1~2年間続ければよいと考えていました。出来の悪い寄稿文もありましたが、会心の作品が出来た時の気持ちの良さは格別でした。また、文章が残って私の財産となるようで楽しみも感じるようにもなりました。

人はそれぞれ時々により、場所により異なった心（言葉）が必要な時があります。手術前後は気力を保持するため闘争心の気持ちが必要でしたが、今は「愛」「忍」「勇」「挑」「楽」の五文字です。全てへの少しの愛、少しの忍耐、少しの勇気、挑戦する心、楽しむ気持ちです。余命全力でやりたいと考えています。

読者の皆様のご健康を祈念いたします。

6話　争いと裁判

生きる上で、病と争いごとは避けられません。友を持つなら医者と弁護士という言葉もあります。

私の人生で忘れ得ぬ出来事の一つに阪神大震災があります。多くの人々が被災され苦しめられ、かつ争いごとが多発しました。

私の卓球部の後輩のAくんが震災の後事務所に初めて相談に来られました。温厚な彼が怒り声で救いを求めました。

「新築の家が全壊した。裁判をして施工した工務店を訴えたい。ローンは全額残っている」

知人のBさんが震災後、久しぶりに来られました。

「2階部分を所有し居住しているが、屋根瓦を200万円で敷き直した。1階部分の所有者Cさんは半分費用を負担する口約束をしていたが支払ってくれない」

震災後、東灘区役所で相談員を務めていました。その時の相談者Dさんが言いました。「隣地の石垣が崩れてきて家が壊されそうだ。裁判で石垣の修理を命令してもらえないか」

震災の時、私は司法書士であるのにカウンセラーになったような錯覚を感じました。多くの人の迷いや苦しみを聞くと、私も病になりそうでした。励まし、元気づける毎日でした。それほど迷いや苦しみは人を傷付け、病を生む原因となります。裁判はできるだけ避けたいものです。

後輩Aくんには弁護士の紹介を断りました。知人の弁護士は多くいますが、Aくんの場合、震災の原因があるために工務店の重過失や故意の施工義務違反を問う裁判をすることは難しいと考えたからです。

Bさんには「瓦の施工業者と相談して瓦屋根の一部を施工前の状態に戻し、Cさんに雨漏対策のための修理の必要性を感じてもらったらどうですか」と感想を言いました。大雨の後、Cさんは修理代を全額支払ったそうです。

Dさんの話を聞いていると石垣全般が崩れそうでなく、一部の石が落ちてきそうだとの話でしたので「竹を買ってきて、その石が家を壊さないように真下に落ちるように工夫されたらどうですか」とご提案すると、Dさんは喜んで帰られました。

裁判をするには、次のことを考慮しておく必要があります。紙面の都合で問題提示に留めます。

・費用と期間はどれほどか
・有能で信頼できる弁護士に依頼できるか
・相手方の力はどれほどか
・勝てる裁判か。相手方の存在や送達、裁判籍、時効、主張の割合、証拠等の証明方法の有無、法的根拠・要件の有無等々
・勝訴でも現実に求めていた内容を実現できるか
・時期を失していないか
・自身の体力や気力、智力、財力があるか
・周りの人たちの協力が得られるか
・正義か

・自身が諦め、損失の負担ができないか

これらのことを理解した上で、裁判を選択するには必ず自分と気の合う信頼できる弁護士を選任することです。裁判には長期の間、信頼関係がなければなりません。裁判所と相手方から勝訴を得るには、弁護士の実力が必要です。準備の段階から周到な作戦も必要です。その間、信頼し続けねばなりません。負ける場合もあります。

私もこれまで何度も裁判を経験し、弁護士の方に助けられてきました。難しい案件など良き弁護士と出会うことが勝訴の第一歩だと考えています。再度となりますが、できることなら損害等を今後の教訓・糧として、裁判という手段をとらずに対応していくことも大切だと思います。

司法書士は予防法学の面から、裁判の必要のない争わない法律状態、すなわち安全・安心で、かつ健全な状態になるように対応を心掛けています。

7話　法定相続情報証明制度（仮称）

この項の最後に掲示しました2つの資料は、２０１６年12月に法務省から司法書士会や各界に通知された不動産登記規則の一部改正（案）に関する資料の一部です。１つ目の資料が後日の「法定相続情報」となると考えています。

今日現在（２０１７年3月6日記）まだ私の手元にはこれだけの資料しかありませんが、日住サービスの本情報誌が発行される5月から6月には新制度は新設されているものと思っています。少し説明させてもらいます。

この新制度は政府の行政改革の一環としてなされるもので相続登記を促進するための制度の一つと考えられていますが、この制度により恩恵を受けるのは各方面に及び利用価値の高い新制度となりますので、読者の皆様にいち早く知ってもらいたいと考えています。

①使用目的

・相続に起因する登記
物件の所有者が死亡した時の相続登記他色々あります。
・その他の手続に必要がある時
銀行や保険会社、相続税申告等多方面で考えられています。

②申請人
・相続人
各相続人、すなわち3人相続人が存在すれば誰からも申請できます。
・その地位を相続により承継した者
その相続人のうち1人が死亡しておれば、その相続人からも申請できます。

③申請できる法務局
・被相続人（亡くなられた方）の住所地または本籍地
・被相続人（亡くなられた方）の所有する不動産の所在地の管轄法務局
・申出人（相続人）の住所地

④必要書類
・出生から死亡までの被相続人の除籍謄本
・被相続人の最後の住所を証する書面（除住民票等）
・相続人の戸籍謄本、住民票
・法定相続情報一覧図

⑤申請に提出する申請書の記載事項は省きますが、知っていただきたいことは
・何通でも請求できる
・無料である
・代理人でも請求できる。ただし限られた資格のある者で司法書士は含まれています
・添付した必要書類は返してもらえます

この新制度を利用せず、今まで通り相続登記に必要な除籍謄本等を添付してすることもできます。

今までは、例えば私の父の死亡した時（１９７９年、約38年前）など除籍謄本各10通、

相続人3名の印鑑証明書、住民票、戸籍謄本各10通ずつ取り、各銀行や税務署等々に提出しました。以後、現在に至るまで同じ状態が続いています。

提出された方々も全部を必ず調査する必要があり、例えば5箇所の法務局、5箇所の銀行、保険会社等々10～20人が同じ調査をしなければなりませんでした。「法定相続情報」は、この1枚の情報の使用で時間や経費、保存などのことを考えると経済的です。

私ども司法書士も相続登記だけでなく銀行などに提出するための「法定相続情報」取得のご依頼が増えることが考えられ、登記以外の仕事が多くなるのではないかと楽しみにしています。

2016年12月19日に、最高裁判所で重要な判決が出ました。

「共同相続された預金債権は、相続開始と同時に当然に相続分に応じて分割されることはなく、遺産分割の対象となる」(要旨)

すなわち、預金の名義人の死亡が分かれば全預金が凍結されます。今までと同じと考える方もおられますが、今までは一部銀行では相続分割合の出金に応じる場合もありました。

しかし2017年以降より厳格に相続人全員の分割協議書か、または遺言書がなければ出金に対応してくれません。預金についての「一部に対しての分割協議書の作成」も対応の一つとして考えられます。

普通預金に限っては名義人の死亡を証明するだけで事前に登録済の指定相続人（1人）で出金できるような制度が広く普及し、死亡後の諸経費の出金が速やかにできるようにしてもらいたいと考えているのは私だけでしょうか。近々そうなるのではと期待しています。

事業など多額の現金が必要な方は預金に関してすぐ対応できるための公正証書遺言の作成をお勧めします。また、相続人のうちの1人でも押印がもらえない、もらいにくい事情がある方は事前に相談して下されば対策も考えられますので早めの準備をお願いします。

すでに死亡された方の相続で、相続人の内押印してもらえない方が存在する場合は調停や不在者財産管理人選任等の対応も考えられます。

別紙２

（記載例）

被相続人法務太郎法定相続情報

最後の住所　○県○市○町○番地
出生　昭和○年○月○日
死亡　平成２８年４月１日
（被相続人）
法　務　太　郎

住所　○県○市○町三丁目４５番６号
出生　昭和○年○月○日
（配偶者）
法　務　花　子

住所　○県○郡○町○３４番地
出生　昭和４５年６月７日
（子）
法　務　一　郎　（申出人）

住所　○県○市○町三丁目４５番６号
出生　昭和４７年９月５日
（子）
相　続　促　子

住所　○県○市○町五丁目４番８号
出生　昭和５０年１１月２７日
（子）
登　記　　　進

以下余白

作成日：○年○月○日
作成者：○○○士　○○　○○
（住所：○市○町○番地）

これは，平成○年○月○日に申出のあった当局保管に係る法定相続情報一覧図の写しである。

平成○年○月○日
○○法務局○○出張所　　　登記官　○○　○○　職印

注）本書面は，提出された戸除籍謄本等の記載に基づくものである。相続放棄に関しては，本書面に記載されない。また，相続手続以外に利用することはできない。

整理番号　○00000　１／１

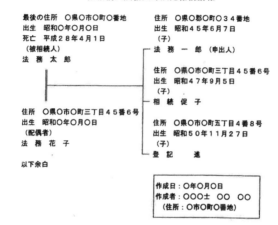

別添

法定相続情報証明制度の手続の流れ（イメージ）

[illegible]

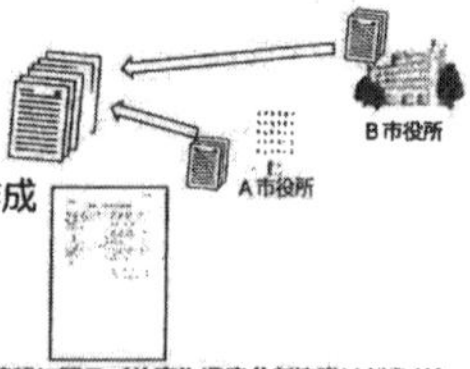

①-1 戸除籍謄本等を収集

①-2 法定相続情報一覧図の作成
（案について，別紙1）

①-3 申出

✓ 提出された戸除籍謄本等に記載の情報に限る（放棄や遺産分割協議は対象外）
✓ （数次相続発生の場合，）一人の被相続人ごとの作成

②確認・交付（登記所）

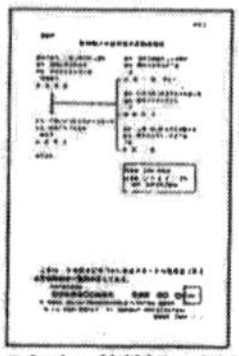

②-1 登記官による確認，法定相続情報一覧図の保管

②-2 認証文付き法定相続情報一覧図の写しの交付，戸除籍謄本等の返却（案について，別紙2）

✓ 交付に当たり，手数料は徴収しない

✓ 偽造防止のため，地紋紙で交付

[illegible]

③ 各種の相続手続への利用

✓ 戸籍の束の代わりに各種手続において提出することが可能になる（放棄や遺産分割協議の書類は別途必要）

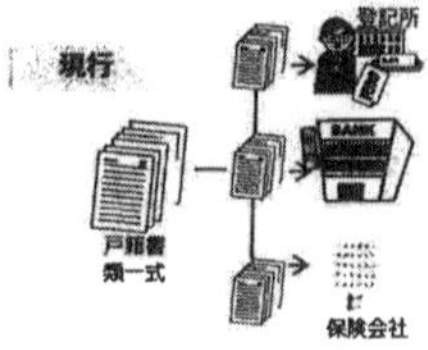

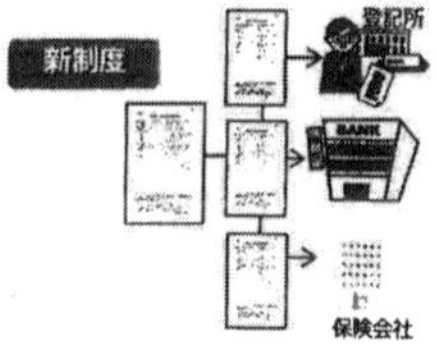

8話　相続財産分割協議（法定相続情報証明制度2）

『夏井いつきの超カンタン！俳句塾』の本を買いました。俳句入門です。本項を書くのに少しでも役立てられたらと思っています。

世の中、イノベーション（技術革新、新機軸）流行りです。第4次産業革命の真っ只中、法の世界でも私たち司法書士の業界でも変化が厳しく勉強しなければついて行けません。登記の世界も紙の登記簿からコンピューター化、インターネット申請・閲覧、本項の「法定相続情報証明制度」と変化の日々です。

本項の副題目である「法定相続情報証明制度」は、2017年5月29日より開始されました。前項7話の最後に添付した神戸地方法務局の説明図と7話で解説した内容を合わせて参照していただけたら幸いです。

国民1億2000万人の人々に両親が存在し、相続が発生します。また、自身の遺産も原則として相続が発生します。相続の知識は必要不可欠です。民法は相続に対して次のように規定しています。

・国は法定の相続割合を民法で定める。
・被相続人（亡くなられた人）は遺言でその割合を変えられる。
・相続人は遺言が残されていない場合に全員の協議によって割合を決めることができる。

すなわち、被相続人、相続人、国の順で相続割合が決まります。

私の依頼者の多くは法定の割合の相続登記ではなく分割協議に基づいた単独名義の不動産相続登記が多いと思います。理由は複数名義の共有では将来の売却時期、修理、管理の方法・費用・責任等々の問題が発生するからです。空き家で放置するような対応は避けたいと考えています。今回は分割協議する時の注意点を簡単に説明させてもらいます。

相続人の問題

・未成年者。親が存在するかどうかで「特別代理人の選任」か「未成年後見人の選任」が必要となります。

・高齢者。意思能力の有無で「成年後見人の選任」が必要となります。
・不在者、連絡が取れない方や行方不明の方。「不在者財産管理人の選任」が必要となります。場合によっては「失踪宣告により死亡」した方として対応をします。
・法定割合で相続して後日に同意を得られない方の相続人と分割協議をするか、「家庭裁判所に対して調停の申立」をします。調停が整わない場合は審判。さらに裁判へと進む場合があります。
・相続人が不存在の場合、「国の財産」となりますが「特別縁故者」に分与される場合があります。
・「特別受益」「寄与分」。分割に影響する場合、その割合を考慮する必要があります。

相続財産の問題

・不動産共有は避けたいです。そのため単独で相続する場合、「代償分割」として他の相続人に代償金を支払う方法や分筆、売却、交換等々考えられます。売却のために単独で相続し、後日売却代金を諸経費を除き分割する方法も広く行われています。
・預金、有価証券等、共有で対応する場合、全員の同意が必要となります。分割協議書を提出し単独で対応（代理人可）し、分割内容に従って分配することが広く採用されています。

・株式、特に中小企業の株式の相続には注意が必要です。その評価や後日の支配権の問題等、慎重に対応が望まれます。共有のままでは全員の同意がなければ議決権の行使はできません。

・現金、金、貴金属、絵画、骨董品等分割可能な財産。その発見、被相続人の遺産かどうか、分割方法には問題が多いです。

・債務、保証。民法の規定に留意する必要があります。特に「事業承継」を考えておられる方には早急に対応する必要があります。また、「相続放棄（民法上）」を考えておられる方の場合は分割協議上の相続財産をもらわない放棄とは違いますので3ヶ月の期間の問題が生じます。「限定承認制度」の採用は難しく経験豊富な方に相談されることをお勧めします。

・債権等。「時効の問題」があるので速やかに分割協議して対応する必要があります。民法の規定にも留意して下さい。

・会員権等。相続人が使用しないものは相続前に処分しておかれるのが望ましいと思いますが、使用されない会員権は処分する方向で対応しましょう。

・墓。単に長男が相続するのではなく管理できる方が望ましいと考えています。

分割協議の時期

速やかに相続税申告期限（10ヶ月）内に分割協議されることを勧めます。後日になればなるほど、紛争になる可能性が高くなります。

注意点を指摘しましたが思い当たる点があれば、相続が発生する前に対策を考えることが問題の解決となる場合もあります。「遺言書の作成」「生前贈与」「生前の売却」「裁判所が関与した相続放棄」をする場合等の対策が考えられます。

9話　孤独死

夫に先立たれた老女が孤独死したのは、古びた小さなマンションの一室でした。

未払いの管理費などを請求するために管理人が相続人Aさんを訪れたのは死亡から1年を過ぎた日でした。戸籍法第87条による死亡届出義務者として、またマンションの管理人としての日々の業務の他に、相続人を探すための除籍謄本集めの依頼・打ち合わせ、集会での報告など時間を要した結果でした。

私の事務所に相続人Aさんが来られた時の第一声は「相続放棄をして下さい」でした。私が色々と質問して分かったことは次の通りでした。

・相続人は10名、Aさんの相続分は5分の1と一番多い
・マンション売却価格は約３００万円
・未払管理費、相続調査費等諸経費など請求された金額約30万円

・先に亡くなられた夫は公務員

私はAさんに請求された債務30万円は分割債務でAさんの負担として5分の1の相続分割合で6万円であることを説明し、マンション売却金額300万円もあれば充分に債務を支払い、残金を遺産として分配できることを説明しました。相続を勧めました。私としては亡くなられた方のご主人が公務員であることも相続を勧めた一因です。

方法としては左記分割協議書を作成し、他の相続人からの押印等全ての事務を私の事務所が行い、Aさんに負担をかけないとの約束で遺産承継業務を岸本事務所に受任できるように説得しました。結果、委任していただけました。

分割協議書の内容は次の通りです。

①マンションはA名義に相続する。Aは速やかに売却して他の相続人に分配する

②他に残された遺産も一括A名義とするが①と同様とする

③相続人全員は岸本事務所に遺産承継業務を委任する

等々、結果として他の金融財産や貸金庫の中に多額の現金が発見でき相続人全員の方に喜んでもらえました。しかし、日数的には長い日数と手数がかかりました。

私は質素に暮らして多額の遺産を残され孤独死された方のことを考えると複雑な気持ちでした。私の知人にも一人暮しの方々がいます。気になり調べてみました。マンションの賃貸人に聞くと老人への賃貸は断っているとのことでした。前述のような事件が起こることを憂慮されています。

また、急病の時の入院手続きにも支払等々の関係で問題もあるようです（10話の「守秘義務と遺言」の項もご参照下さい）。施設等の入居も同じようでした。なかなか一人で暮らしにくい現実が見えてきます。

今回の民法改正には、債権法関連の改正の次に相続法の改正が予定されています。

２０１６年7月に中間試案が示され、各界の意見が求められました。試案では残された配偶者への配慮が多くあります。少し概要を書いてみます。

・生活資金への配慮として高齢者の残された配偶者への相続分を多くする。
・残された配偶者への居住権を考慮する。

・相続人でない方が亡くなられた方に対して無償の療養看護や労務を提供した場合に相続人に寄与分の金銭請求ができる。

司法書士も各県会単位で一人暮らしの高齢者に対して相談会を開いています。また、各自研修に努め相談力を高めています。気楽に個人の司法書士事務所にも訪問して下さい。相談大歓迎です。気に入った先生が必ずいます。

かかりつけ医師の必要性が求められていますが、顧問法律家も必要です。司法書士もその一人に加えていただけたら幸いです。

10話　守秘義務と遺言

私は今年で古希を迎えます。まだまだ気持ちは若いつもりです。挑戦者という初心にかえって物事に取り組んでいきたいと考えています。

私の大切にしている言葉に「責任」という言葉があります。業務について責任感を持って行うことを今まで大切にしてきましたが、今回の守秘義務に関してもたえず私の頭の隅に存在してきた言葉です。日住サービスの原稿の題材を考え、事例を選択するに際して守秘義務という言葉が気になる時があります。その時は事例の条件を少し変化させるか、当事者の方にあらかじめ了承を得て書くことがあります。事前に当事者の方に原稿をお見せして喜んでいただいたことが何度もありました。

遺言書を作成する場合に私たち司法書士に守秘義務があるのは当然ですが、遺言者側にも守秘の必要があると考えています。遺言書を作成して相続人に開示する方法も考えられますが、これなど相続争いを遺言者（被相続人）の生前に起こすようなもので反対です。

私は経験上、多くの感情の変化が起こった状態を見聞きしてきました。できる限り遺言内容あるいは遺言書作成した事実も言うべきではないと考えています。たとえ配偶者に対しても守秘のほうがよいのではと考えることもあります。例外は配偶者に全財産を相続させるという内容の場合ですが、私はこの場合でも否定的ですが、できたら遺言書を作成した事実だけでも伝えておくのがよいと考えています。

遺言書の内容については相続人受遺者全員の合意があれば、その合意を優先することができます。このような事例は沢山あります。遺言書で多くの相続財産をもらえる相続人が遺言書の存在を隠して相続の分割協議をして、合意できない時に遺言書を発見したようなかたちで対応されたこともありました。

遺言を作成した事例でこんなことがありました。依頼人Aからの話です。相続人の存在しないAが進行性の病気であることが分かり、至急入院することになりました。しかし、病院側から入院手続、入院中の諸経費の支払い、転院あるいは死亡の際に必要な法的責任の取れる方の署名を求められて困っているとのことです。

法的に、㋑相続人　㋺後見人　㋩任意後見人　の署名が考えられ、その選任が必要ですが、Ａの意思能力も充分あり、㋺㋩のケースは時間的に間に合いません。そこで私的な契約をすることで一時的に対応して後日、Ａの状態を見て後見人の選任をしようと打ち合わせしました。すなわち、①財産管理等委任契約公正証書　②任意後見契約公正証書　③公正証書遺言　④尊厳死宣言公正証書　を大至急作成して対応することにしました。しかし「言うは易く行うは難し」の言葉通りです。

・相続人不存在を証明するための除戸籍等の取得
・相続（管理）すべき財産の確認
・財産管理等委任契約、任意後見契約公正証書作成のための内容及び受任者の選任等の打ち合わせ
・遺言内容の打ち合わせ
・公証人への依頼
・公証人立会、作成

等々が必要です。事務所全力で取り組み、実質１週間でやりとげました。

この事例のような相続人不存在の方、相続人が海外や県外で至急の時対応できない方、相続人が行方不明や連絡の取れない方等々の場合、相続だけでなく、緊急の病気や事故に対応できるように対策を考えておかれるようにお勧めします。

２０１５年の７月に日経新聞でこんな記事がありました。

「遺言控除・自民党の『家族を守る特命委員会』が党の税制調査会へ２０１８年までの導入を目指す」

相続争いを少なくするために、遺言書作成を促す啓蒙活動が盛んになってきました。争いが生じてから後悔しても後戻りはできません。予防法学の面からも是非、遺言書の作成をお勧めします。

11話　遺言の撤回

遺言者は作成した遺言をいつでも、何度でも変更したり、作成しなかったことにすることができます（民法1022条・遺言の撤回）。

帰ろうとした夕暮れどき、知人のAさんから電話がありました。その内容は「遺言を変更したい。遺言者は余命少ないが意思ははっきりしている。1週間ほどで病院を変わる予定だが、今しか（遺言できる）時間がない。署名できるかどうか分からない」とのことでした。Aさんと翌日の夜、入院中の病院に伺う約束をしました。

遺言者と面談した時の状況はこうでした。遺言者は痩せて小さくなられていましたが、言葉はしっかりしていました。

質問　遺言書を書き換えたいのですか。

返答　4～5年前に書いた遺言書を作り直したい。もう夫には渡さなくてもよい。世話になったAさんに全部やりたい。
質問　なぜですか。
返答　夫も長くないので（遺産は）必要ない。
質問　署名できますか。試しに書いてもらえますか。

筆圧は弱かったが一人で書けました。この署名も後日のために残しておきます。

次の日、公証役場に行き、いつもお願いしている公証人に出張による遺言書の作成を依頼しました。日時（次の日の夜）を約束してから、必要書類等の準備にかかりました。

Aさんからの電話があってから3日目の夜、公証人と私、事務所員の3人で北大阪方面の病院に行きました。無事遺言書は作成できました。その遺言書の文章には「前回○年○月○日に作成した遺言は全部撤回する」「Aに全財産を遺贈する」と記されています。前回の遺言では「Aに一部遺贈、残りを全部夫に相続させる」という公正証書遺言でした。

また、遺言者には夫の他には相続人はおりません。

今回、遺言が撤回されないままならどうなっていたでしょう。Aさんに一部遺贈された残りの財産を夫が相続します。後に遺言者のその財産と夫の財産全部は夫の側の兄弟が相続します。遺言者は付き合いのない夫の側の親族に相続させるよりも遺言者側の親族に遺産を残したい。特に長く世話になっているAさんを選んだのです。

その後、遺言者は2～3ヶ月してお亡くなりになりました。後から考えてもあの時しか遺言書の撤回はできませんでした。

遺言の撤回は次のような場合に考えられます。

・受遺者の死亡など（当然に受遺者の相続人に承継されません）
・遺産の増減（特に遺産の減少の場合は不公平となり争いが生じます）
・遺言者の気持ちの変化
・状況の変化（今回の事例のような場合）
・税制度への対応の必要性（遺言には税の問題を考慮する必要があります。例えば親から子への遺言が、遺言者が高齢になり親から孫へ直接遺贈するのが税務上良い場合があります）

遺言の撤回だけではありません。

・依頼内容により正確な意思の確認と後日のための記録の作成、保存
・状況を把握し誤った判断のないよう検討
・スピードが必要な時は全力で

こうしたようなことも心掛けています。

遺言の撤回の解釈には、生前の法律行為や処分によって撤回されたとみなされる場合もあります。また、遺言が無効であったり取消される場合もあります。これらの例について今回は触れませんが、正確で安心な遺言を作成するためにも公正証書による遺言の作成をお勧めします。

12話　遺言の無効

40年ほど前、私が30歳前後の燃えていた時の話です。

友人Aより「遺言の効力を争いたい」と相談を受けました。友人Aの父は離婚後晩年に再婚し、死亡直前に再婚した妻に全財産を相続させる内容の遺言書を残しました。それを知った友人Aは、父から財産の多くを相続させてもらう約束をしていたことや、死亡前の遺言が作成された時期には認知症で遺言などできない状態であったことを私に訴えました。

私は法定相続に必要な除籍謄本等を大至急集め、関東方面まで登記申請に走りました。

後日、友人Aは難しい遺言の無効事件を受任してもらえる弁護士を見つけ、数年後に満足な解決を得ました。後で、彼から法定相続登記をしてもらっていたので助かったとお礼を言っていただけました。

民法は相続として次の3つのケースを規定しています。

①法定相続（相続人が数人の場合は共有）８８２条、８９８条
②分割協議（相続人が数人の場合）９０７条
③被相続人の遺言（９６０条以下）

これら３つの優先順位は③②①の順となります。民法の規定されている順とは逆です。

遺言は、本人（被相続人）の財産を本人の意思を尊重して相続させようとする制度です。そのため不利益を受ける相続人が疑念（疑問）を持たないように厳格な要件が定められています。一般的な遺言で無効が生じる場合は次のことが考えられます。

公正証書遺言

公証人が作成した遺言で無効となる例は少ないが、昨年の判決（大阪高判平成26・11・28）で公正証書の遺言が無効となるケースがありました。また、公証人の限られた人数の中（全国で約５００人）、遺言書作成の件数が急増（２０１３年約10万件）のため、最高の注意を払って作成される必要があると考えています。

自筆証書遺言

・法に定められた左記様式に合致していない

「自筆証書によって遺言をするには、遺言者がその全文、日付及び氏名を自書し、これに印を押さなければならない」968条1項

・遺言内容（財産につき）が不正確、不定、不明、不存在な場合

例　遺言作成後財産の売却

・受遺者（遺言で財産をもらえる人）が相続前に死亡したり不明な場合

・遺言者の意思が明確でない

例　Aに全財産をまかせる

・遺言者の意思能力の欠如

・遺言書作成後、その内容と違った遺言書作成や、法律行為を行った時

例　遺言書作成後その財産を贈与する契約締結

・無効ではないが遺言が発見されない、または公表されない場合

無効な場合でも遺言者と受遺者との間で贈与の約束があったとみなされる場合は、死因

贈与として遺言と同じ効果が生じる場合があります。すなわち、遺言書として認められなかった書面が死因贈与の証明の書面となることがあるので、専門家に調べてもらうことをお勧めします。遺言書が無効な場合は法定相続か分割協議に戻ります。

職業的に数多くの遺言書作成に携わり、他の作成された遺言書にも接しました。無効な遺言書を持参され、無効であると言われ茫然自失しておられる相続人に接して気が重い時もありました。銀行の対応で、遺言の内容に反して貸金庫を開くために相続人全員の同意書持参を求められるなど、いつまでも遺言書の対応に悩ませられます。しかし、遺言書の絶大な効力を考えると、作成時に最大の努力や注意が必要であることも頷けます。これらの意味でも、遺言の作成を考えられている方は公正証書の遺言を作成されることをお勧めします。

山﨑武也著『持たない贅沢』を読みましたが、著者はその中で「相対的な損得を考えるより、絶対的な損得を考えるべきだ。すなわち遺産相続の争いには時間、エネルギー、金、悪感情、健康等の負担も考慮に入れ割の合わないことをするな。汚れがつくと身が重くなる」と書かれています。「絶対的な損得」、いい言葉ですね。同感です。

13話　底地の売買

世界最高税率の相続税が課せられている日本の税制度のもと、相続税対策の記事や本が多数見受けられます。今回は少し違った側面から相続対策を考えてみようと思います。

日本の相続税の税率は55％で、世界最高の税率が課せられています。

それでは、その税率の対象となる相続財産の中で一番高く評価されている財産は何でしょうか。私は不動産と考えています。不動産は評価された金額で必ずしも換金できません。換金には時間がかかります。また、売却して得た金額に対して利益

主な国の相続税の最高税率は平均15％

国	税率
日本	55%
韓国	50
フランス	45
米国	40
ドイツ	30
ギリシャ	20
スイス	7
イタリア	4
オーストラリア	0
カナダ	0
ニュージーランド	0
スウェーデン	0
OECD加盟国の単純平均	15

（注）一部の国は遺産税
出所は米Family Business Coalition
日経新聞2015年7月税金考より

があれば課税されます。その不動産の中でも、土地の借地権と借地権の存する底地が一番高く評価されている財産だと思います。

私の事務所では、時々底地の売買登記の依頼があります。最近でも、底地の買取りの件で相談がありました。相談内容は買主の奥様からで「主人が底地を買う話をしているが少し高いのではないか。反対したいがどう考えますか」というような相談でした。

相続税評価の基準となる路線価格評価などから計算すると、確かに相当高く感じました。しかし、㋑ご主人が買う意思を相手方に伝えていること　㋺売主は旧来の地主でなく、買取り専門の不動産業者であること　㋩近隣3軒同時に底地の売買の話が起こっていること等から相談の奥様には底地の買取りを勧めました。

後日、この底地の買取りの所有権移転登記依頼を受け無事完了しました。完了後、ご夫婦揃って登記識別情報（権利書）を取りに来られました。その時、㋑相続対策としての底地の買取りの必要性　㋺今回、買取らなかったらどのような結果となっていくか　㋩買取った土地の活用方法など、1時間ほどお話をして喜んでもらいました。

私は底地の売買の話があれば必ず応じるべきだと考えています。買取る資金の問題もありますが、少しぐらい高い、理不尽な話であろうとも、この時がチャンスと思います。資金がなければ地主と協力して、両者でその土地を売却の方向へ進むのもよいかもしれません。分割支払いの方法も考えられます。あるいは反対に地主に借地権を買取ってもらう、あるいは資金に余裕があれば地主の持っている近隣の底地全部を買取って地主となるなど、方法は色々考えられますが、この時に必ず解決しておきたいものです。チャンスは二度とないと考えるべきです。

相続人が借地権を相続した時の不利益を挙げてみましょう。

・地代を支払い続けなければ借地権は存続しない。
・借地権の売却は非常に難しい。また、売却には事前に地主の承諾（料）がいる。
・借地上の建物の建替え増築等には地主の承諾（料）がいる。
・銀行からの融資の担保とならない。
・通常の借地権は相続時の遺産として、その存する土地の相続税評価基準の価格（路線価格評価）の60％と評価され、相続税課税対象財産となる。この評価は他に売却できる、できないは考慮されない。
・建物に相続人が居住しない場合は、その建物の維持、管理等には相当な注意と経費が必要となる。

では地主側から考えてみましょう。

・底地は売却しにくい。
・借地権者1人ひとりに売却するには話し合いや、測量分筆など時間と経費がかかる。
・業者に一括売却すると安価になる。
・一括して売却しても、売却益には譲渡所得税が課せられる。
・相続財産としての評価は路線価格に対して原則40％となる。相続税課税対象財産となる。
・収益性が低く、銀行からの融資の担保とならない。
・相続人は底地を相続したがらない。

国は相続税の課税対象財産として、借地権の存する土地に対して前記の問題を考慮することなく、地主と借地権者に１００％を分割して評価課税します。

早急に底地の解消に向けて、地主と借地権者は話し合いをすべきであると考えます。年老いてからの解決は、なかなかできないものです。相続人が解決するのはより難しくなります。日住サービスの各店の専門家にご相談するのも、一つの方法だと思います。

14話　空室問題（正当事由）

テレビや新聞で空家・空室問題がよく話題になるようになりました。

20年ほど前の話ですが、日住サービスの不動産取引でのことです。売主側の付添人の方で都銀の元代表取締役で現在相談役が来られました。代金支払いのための出金待ちの時間が長かったので、その方と話す機会があり質問しました。「今後の不動産はどうですか」と。その方はしばらく考えた後に「必要とされる世帯数より不動産の住宅のほうが多いですね…」と答えられました。現在の状況を予測した高い見識が感じられ、忘れられません。

少し前の話ですが、私の知人（女性）の妹さん（60代）が所有不動産の件で相談に来られました。その不動産は2階建木造建物で、2階が空室になり改装しようとすると横壁の修理等が必要となり300万円ほどかかる。改装しても借手が見つからない可能性が高い。また、建物間隔が狭いので隣人の協力も必要だが仲が悪い。建物は古いが土地は三宮に近く旧市電道に面している。1階は喫茶店を営んでいる人（女性で70歳ぐらい）に貸している。家賃は10万円ほどである。経営状態は悪い。等々聞き取りました。

もう少し調べる必要を感じ、了承を得て知人の不動産仲介業者に調査を依頼しました。売却価格、隣人の考え、建物の古さや解体費等。私も現場に行ってみました。

調査結果は次のようなものでした。

・隣人所有地は約20坪ほどで4階建ビルの4階に居住し、1階から3階まで空室で借主がいない。鉄骨造の古ビルで将来的には売却の希望がある。改装には協力してくれる。

・相談者も売りたがっているが、1階の立ち退き問題や解体費で相談者家屋の底地10坪強の売却代金のうち手元に残るのはどれほどか分からないので、売却をためらっている。

・2階を改装しても賃借人を見つけるのは難しい。

・相談者と隣人の土地合計約30坪の更地なら高価で売却できるが、各々個別に売却するのは非常に難しい。

私は相談者に、1階の方の賃貸契約を解約する方向に持っていくことを勧めました。対応として考えるべきは次のようなことです。

・1992年8月1日以降の新法の賃貸借契約なので、貸主側の正当事由の一つとして財産の提供が考慮される。

・居住用等の建物の賃貸借契約は民法の賃貸契約よりも借主の保護の必要性などから特別な法律（60条からなる借地借家法）が定められているが、その法の28条で貸主側の都合による解約の申し入れには正当な事由が必要とされている。

・正当事由とは貸主側にどれほど解約するための必要性があるか。それと借主側の賃貸借を継続する必要性とを比較して、それを貸主側の必要性のほうが上回ると判断されると、正当事由があると認められ解除の申し入れが可となる。

・正当事由は裁判所側の判断であるため、調停・裁判等が必要であり、このため弁護士に依頼するのも一つの方法だが、直接賃借人との話し合いによる解決を目指すべきである。その時に財産の提供（立退き料）の上限を考慮すべきである。

・このため相談者側もその不動産を所有するための必要経費（固定資産税、修理代、将来の解体費、手間賃等）の他、相続評価を計算してその不動産を持ち続けることによる支払相続税額も知って経済的な損得を考える必要がある。
・賃借人が高齢で経営も難しそうなので時間をかけてやる。

この事例の場合、借主側の事情（生活状況、扶養義務者の有無、年金等）をもっと調べる必要がありますが、私は貸主側の正当事由が勝ると考えます。また、この事例のような不動産は収益性が低下すれば評価額（売却価格）が下がります。しかし、相続財産としての評価は変わりません。むしろ増える可能性があります。古くなった建物の処理は、時間が経つに従って色々な問題が発生します。バブル時代のような不動産の値上がりを期待せずに、適切な時に処分することを勧めます。

私は個人的には空室・空家問題だけでなく、共有者多数物件、微細土地、所有者不明物件、朽ちた家屋等に対しての公益性を考え、公明・公正・公平で経済性、スピード性を重視した法の成立を願っています。

15話　遺産承継業務

相続税法改正のスタートの年ですが、次世代への承継の対策を考えられる材料の一つになればと、本項を書かせてもらいました。私たちの事務所も創業明治43年、法人として3年目を迎え、挑戦する気持ちを大切にやっていきたいと考えています。

遺産承継業務は遺言作成業務、遺言執行業務と並んで信託銀行の重要な業務ですが、司法書士にも信託銀行や弁護士と同等の法に規定された業務の一つです。不景気で登記件数が右肩下がりの中、司法書士はこの遺産承継業務に力を入れています。

こんな事例がありました。私の古い友人から電話がありました。友人の兄が亡くなり、その遺産承継業務をやってほしいと言うのです。依頼理由は相続人妻（甲）と2人の子（A、B）のうち、子1人（A）との分割協議が難しくなりそうなので、妻（甲70代）のために後々生活がやりやすいように考えて遺産承継業務をやってほしい、とのことでした。

遺産は金融財産約1億円の他、次の不動産3箇所でした。

①甲が居住しているマンション
②空家で、以前甲ABが居住していた一戸建土地付家屋
③甲の夫（被相続人）が相続した土地、家屋

相当な金融財産（株や現金等）があるので、分割協議も比較的に簡単だと考えて臨みましたが、話し合いは進展しませんでした。問題は不動産の評価額の点でした。

①はマンションの売却処分価格と相続税評価額との差が大きく処分しやすいが、甲の居住のため甲に相続させたい。この分割のための評価をどうするか。

②は家屋が古く、解体か建物付で処分するかで差が生じ評価額の算定が難しい。その上家屋内には甲ABの思い出の品々が残っている。

③の古家は解体して土地のみで売却するのが相当だが、その価格は…。また、解体等の諸経費はいくらになるのか。

日住サービスの方に査定してもらい、話し合いを重ねて相続税申告（10ヶ月以内）直前に解決しました。②の建物内の思い出の品々はリサイクルショップで相見積を取り、甲の手を煩わすことなく他人の力で処分することをＡＢにも納得してもらいました。

相続登記手続、税理士の紹介、日住サービスでの不動産の査定及び処分の依頼、社会保険労務士による年金手続依頼、墓地の承継、生命保険等の手続等々の問題を経て、病気がちの甲とＡＢ間での話し合いも争いが生じることなく無事名義変更の各手続を完了しました。甲には非常に喜んでもらえました。

相続人間の分割協議は利害が生じ、感情的になりやすく適切な分割は難しいのが現状です。そのため、一番簡単な分割方法として法定相続分通りの共有にして、後日の紛争になることが多く見られます。その解決には10年20年かかることがあり、遺産の処分ができないことも生じます。配偶者（例えば妻）が残され、生活の方法を充分に考えた分割協議は法律に定められた法定割合通りにはできない場合もあります。経験上、相続後相続税申告前（10ヶ月以内）の話し合いによる解決を目指すのが、より良い結果を残すと考えています。

税金の支払額のみを考慮した対応にも問題があります。遺産の額によりますが、次世代のための柔軟な対応が望まれます。配偶者が生活するための必要な遺産をどう確保するかが難しそうな場合には、事前に遺言書を作成するなり、生前の贈与等で対策を考えられることもお勧めします。

司法書士がこの遺産承継業務を受任するのは、明らかに紛争（訴訟）が生じている場合には弁護士に限られますが、委任者のための細やかな対応を心掛けて満足してもらっています。相続時の各種届け出先を簡単ですが一覧表にしてみました。参考になれば幸いです。

死後の主な手続き一覧

各種手続き

不動産	名義変更	管轄の法務局
預貯金	解約払戻・名義変更	各金融機関
株式	移管による名義変更	各証券会社
自動車	名義変更	管轄の陸運局
保険	死亡保険金などの請求	各保険会社
ゴルフ会員権	名義変更・解約	各ゴルフ場（運営元）
電話加入権	名義変更	ＮＴＴ
墓地・霊園	名義変更	各墓地・霊園

各種届出

死亡届（直ちに）	区役所・市役所
世帯主変更届（14 日以内）	区役所・市役所
戸籍の請求	区役所・市役所
後期高齢者脱退届	区役所・市役所
介護保険（還付金請求）	区役所・市役所
健康保険脱退届	区役所・市役所
葬祭費の請求（５万円支給されます）	区役所・市役所
年金（未支給年金・遺族年金）	年金事務所

各種申請・申告

準確定申告（4 ヶ月以内）	税務署
相続税申告（10 ヶ月以内）	税務署
相続放棄（3 ヶ月以内）	家庭裁判所
自筆遺言書の検認（発見後直ちに）	家庭裁判所
特別代理人の選任 （相続人に未成年者がいる場合）	家庭裁判所

16話　借地の相続（残されて困る遺産）

人は親から引き継いだ遺産を相続します。その遺産は有形であったり無形であったりします。私の場合の無形の遺産とは「のれん」や信用、広い考えですが法律に向いた判断力などがそれに当たります。

私は大学を卒業した年に司法書士となって父の事務所に入り、10年後に父が他界しました。その事務所の承継には一般的な遺産の相続だけでなく、顧客の業務承継や事務員の生活、母の扶養、その他に湊川神社の総代の役目まで種々の荷の重い負担もありました。

仕事柄、相続税の申告は自分でやりました。不動産の評価、銀行等の残高の確認等々、目の回るほど忙しい中、申告書を作成していく過程で分からないことがありました。什器備品、本や机、家具や誰の作品か分からない絵等々の評価です。

困って、父の友人の公認会計士、税理士の（故）柳谷勇先生に聞きました。その他「のれんの評価も分かりません」と聞くと、「自由業の弁護士や税理士等は、のれん代は考えなくてもよい。理由は継ぐ人に実力がなければ継げないから。また、什器備品は金100万円で評価して申告すればよい」と教えて下さいました。「申告書が作成できれば見せて下さい」と言われたので柳谷先生に持参すると、作成税理士の欄に柳谷先生が押印して返してくれました。これも父の遺産の一つだと感謝の気持ちでお礼を申し述べました。

相続した不動産の中で、解決しなければならない案件も多数ありました。その一つは、借地上の建物の件です。

相続が発生すれば相続登記をした上で地主に承継者、相続人として挨拶をし、地代の支払いを継続しなければなりません。相続登記は必ずしなければならないものではありませんが、対抗要件上未登記建物であれば問題があります。

相続した物件は古い木造建物で相当長い年月空家にしていたため、大修繕しなければ貸すこともも自己使用することもできませんでした。相続後も長く放っておき建物の老朽化が進みましたので、地主に借地権の買取を打診しましたところ、建物は滅失している状態であり借地権の消滅を主張されました。建物を自費解体して更地にして土地を返還するように求められました。

解体費用の負担も重く、地代も毎月発生するので他に譲渡する方向で考えました。このような問題がある借地上の建物を買う人はなかなか見つかりません。
理由は、次のようなことがあるからです。

①譲渡するのには地主の承諾が必要です。
地主の承諾が得られない場合は借地非訟事件手続によって地主の承諾に代わる裁判所の許可で対応していきます。非訟事件手続というのは裁判所の判断により、当事者の後見的立場で介入して公平に裁量して解決しようという手続です。
②その上、譲渡の後、建物建替にも地主の承諾が必要です。
これも借地非訟事件手続で同時に許可がもらえます。
③地代等の借地条件の変更（地代の値上げ）も考えられます。
これも借地非訟事件手続で同時に判断されます。

これらの手続の費用や地主へ支払う各種承諾料、以後の新地代、弁護士等に支払う報酬、その上、新築建物代金など考えると、新譲受人を見つけるのは大変でした。新譲受人を見つけてから裁判の手続を始めなければなりません。その上、①②の承諾料額が分らない上に新地代の額も決まってないのに、買う判断をしてもらうことは難しいものです。解決するまで10年以上かかりました。

一方、相続のほうから見ると借地権の評価は「建物は市の固定資産税の評価価格であるが、土地のほうの借地権評価額は国税の路線価格評価額の最高90％から最低30％」で、私の場合は60％でした。

例えば、借地が１００㎡あり１㎡あたり30万円の土地であれば、１００㎡×30万円の価額の60％、すなわち１８００万円の評価額となります。建物を１００万円とすると、土地建物合計１９００万円が相続財産に加算されます。

使用されてない借地上の建物は、建物だけでなくその底地の借地権も相続財産となります。使用できない建物で、地代を支払わねばならない借地に対して相当額の相続税がかかることを考えれば、相続が発生するまでに解決しておかなければならない問題だと思います。解決方法としては、次のようなことが考えられます。

・地主に建物を解体して返還する。

地主も話し合えば建物を解体せずに返還に応じてくれるかもしれません。

・地主から買取りの話があれば低い価格でも応じる。
・買主を見つけ地主と共同して更地として売却する。
・地主の承諾を得て、承諾料を支払い、収益物件等を建てる。

こうしたことを、相続対策の一つとして相続発生前に済ませたいものです。反対に地主の立場から考えると、貸地に対して戦略的に柔軟な対応で財産価値の回復に努めたいものです。それが相続税対策にもなります。

17話　借地借家法（地代の値上げ）

大学時代、私のゼミの先生は民法学者の西沢修教授でした。関学法学部では人気のゼミで、先生は2回生の講義で担当する民法総則での成績のみでゼミ生を選択していました。当然、民法を勉強したい生徒が集まり、楽しいゼミ生活でした。

はじめの頃のゼミで借地借家法を教えてもらう機会があり、私は借地借家法の本『新借地借家法詳解』（日下千章著）を買って1冊読み、授業に臨みました。先生の最初の言葉は「誰か、私の代わりにこの借地借家法を皆に教える人はいませんか」でした。誰も手を上げる人がいませんでした。私は今でも後悔の念を持っています。もし手を上げていたら、私の人生はもっと積極的なものになっていたかもしれません。しかし、以後、借地借家法は私の得意な分野になりました。

最近、私の事務所では地代の値上げに関する案件が数件ありました。

Aは地代5000円で地主Bから土地を借り、その地上に古い家を持っていました。近隣一帯はBの所有地です。BはAに対して内容証明郵便で地代金5000円を倍額の1万円に値上げする請求をしてきました。それに対して私の事務所では次のような回答書を作成しました。なお、旧法の借地です。

「貴殿が主張される増額理由について、当方としても検討させていただきましたが、近年、社会全体のデフレにより地価の下落が続く中、本件土地の価格が著しく上昇しているとは思えません。むしろ、長年続く不景気の折、これまで賃料の減額を請求せずお支払いし続けてきたことにご配慮いただきたく存じます。貴殿の主張される通り固定資産税等の税金の負担増や経費等の発生があるにしても、一挙に倍額近い増額の理由としては承服いたしかねます。よって、平成〇〇年〇〇月以降も引き続き月額5000円をお支払い致したいと思いますので、ご了解下さいますようお願い申し上げます」

地主Bがこれに対応しようとすると、次のようになります。

①すぐに調停を申立てる（調停前置主義　民事調停規則第24条の二）。
②しばらくの間、放っておいて、3～4年後に調停申立をして地代の値上げを目的にするだけでなく、底地の買取りの話か、Aが持っている古家と借地権をBが買受ける話のほうへ持っていく。

Bは地代の値上げを請求しなければ、従来通りの地代しかもらえません。値上げを請求した時点から増額分に対して請求権が発生します（形成権）。従来通りの地代と後日調停・裁判等で決定した差額が決まれば、その額に年に1割の割合の利息をつけて支払ってもらう権利がBに確定します。従って前例の場合は3～4年後の調停申立でも、3～4年前の値上げが妥当かどうかさかのぼって検討されます。しかし、1ヶ月の差額金5000円、すなわち年間6万円、3年後で差額18万円の値上げ分が正当な額かを争っても時間や経費を考えると合理性を欠きます。

Bの所有する借地の評価は普通の宅地の場合は40％です。地主BはAに土地を貸すだけでなく近隣一帯を所有している場合、例えば1000坪の土地を所有しておれば、その相続税課税価格となると相当な額になり、その相続税は高額になります。従って適正な地代をもらって収益性を高めて土地の資産価値を上げるか、処分し現金化して相続税を支払いやすくしておく必要性が高まっています。

一方、地代の適正な額の算定方法は色々あり、この場合の継続地代の算定手法として、スライド法、利回り法、差額配分法、賃貸事例比較法、公課倍率法などがあるようです。しかし、旧借地法の借地人の保護重視の考えからも、一度に倍額に値上げは無理です。少しずつ少額でも2~3年に一度、1~2割の値上げを話し合いでしていくのが賢明です。借主Aも将来建物の建替えや売却のために地主の承諾が必要となるので、争いを避けたいのであれば少額の値上げなら応じると思います。

借主Aは地主が明確に受領を拒否している場合のみ弁済のための供託をできますが、通常通りの方法で旧地代を支払うのがよいと思います。

以前、私は地主の立場で弁済供託をしている借主に対して「受領するから供託をしないでほしい」旨を内容証明郵便で通知し、それでも供託し続ける借主に対して地代不払による土地明渡請求をしたことがあります。以後、AはBからの通知に対して迅速に対応しなければなりません。借主Aの建物は登記されておりました。聞くと地主Bから借りている土地には未登記建物を所有している借地人が沢山いるということでしたので、建物の登記

（建物表題登記）をすることを勧めました。借地上の建物は、その借地権を第三者に対抗するためには登記しておく必要があります。

18話　財産分与（離婚）

私が関学3回生の時、法学特殊問題の講義を受けました。講師は菊地博先生で、現役の判事であり厳しい講義で有名でしたので30名弱の受講者でした。必ず宿題が出され、次の授業で全員がその宿題に対する解答を口頭で求められます。その時の最初の宿題が「有責配偶者からの離婚請求が認められるか」でした。実際は具体的な事例での宿題でしたが、私は「一定の条件のもとで離婚は認められる。その条件は…」と発表し、菊地先生から高評価をいただきました。それ以来、菊地先生が昨年に藤沢の自宅で息子さんたちに見守られてお亡くなりになるまで、私の生涯の恩師になりました。

その当時（1967年頃）は有責配偶者の離婚請求は認められませんでしたが、現在では条件付きで認められています。今回は司法書士の立場で多く接する機会がある財産分与を原因とする不動産の移転に関することを書かせてもらいます。

財産分与とは、離婚後における一方の当事者の生計の維持を図ることを目的に夫婦が婚姻中に有していた実質上の共有財産を清算分配すること、と解されています（民法768条参照）。

実例として、夫Aと妻Bが離婚し住んでいたマンションのAの持分2分の1をBに移転する登記を受任しました。このマンションには取得時に金1000万円の抵当権が設定され、債務者はAでした。

Bは病院関係に勤めていたので所得があり、銀行はAからBへの債務者の変更（債務引受）を認めました。以降、Bはそのマンションに住み、返済をしていくことになりました。私は所有権移転登記と抵当権変更（債務者）登記を完了し、AとBとの離婚届も登記提出日になされて無事離婚が成立しました。

離婚された一方は所得が少ない場合が多いので、債務者の変更は通常は認められません。この場合は債務者Aのままで Aが債務を返済するか、BがAの通帳、カード、印を預かりBがAと協力して返済するかになります。債務者がAのままでAが返済を滞らせた時には、Bの取得したマンションは債権者の債権回収の対象となります。このような対策のためにも、その返済方法等のことを詳細に定めた公正証書を作成する必要があります。

財産分与の原因日は、離婚届日かその日以降でなければなりません。離婚届日以前であれば、贈与税の問題が発生します。また、その日よりあまりに日数が経過していても贈与税の問題が発生します。通常Bには税金が課せられません。

そのマンションが離婚時に値上がりしておれば、Aには譲渡所得の問題が発生します。通常の場合は、居住用財産の譲渡所得には3000万円の控除があるので問題になることは少ないです。

財産分与を原因として多額の不動産や財産を譲渡する場合は、税務上問題になります。また、債権者から強制執行を免れるために離婚届けを提出し（偽装離婚）居住不動産を財産分与を原因として移転した場合は、詐害行為として取り消される場合もあります（最判平12・3・9）。

財産分与以外に離婚に際し決めなければならないものは、次のようなことです。

・慰謝料の決定
・親権者の決定（民法819条）

・子の監護する者等の決定（民法７６６条）
・養育費の決定
・婚姻費用の清算（別居中の生活費等の清算）
・年金分割
・保険等の受取名義人の変更
・動産、債権債務の清算（車、株、へそくり、親からの債務、退職金等）
・復氏の問題（子も含む）（民法７６７条）
・離婚原因が配偶者不貞なら相手方への慰謝料請求

これら重要な金銭の支払いに関係するものは、公正証書を作成しておく必要があります

離婚に際して詳細が当事者の話し合いで決まらない場合に、調停前置主義により調停（家庭裁判所）を申立てることになります。その後、審判、裁判に進んでいきます。なお、子に対する扶養義務について興味のある方は、25話「扶養（子に対して）」の項をご覧下さい。少しは参考になるかと思います。

19話　包括委任状

2013年（3月9、10日）博多に行ってきました。相続に関する研修会に出席するためです。3月中に20時間の研修を受けて、より一層のレベルアップを目指しています。研修会では相続に関し8講に分けて研修し、各講の第一人者やベテランの弁護士や司法書士のノウハウや経験を教えていただき勉強になりました。皆様の相談に活かせたらよいと考えています。

さて、包括委任状の件ですが、不動産の取引において買主・売主の当事者が売買契約や代金の支払いのための決済に出席できない場合が多くあります。この時は代理人が包括委任状を持参し、当事者に代理して不動産の売買を完了します。

こんな例もあります。

以前、ご主人が亡くなり奥様Aに住居の相続登記をした方の娘さんBから電話相談がありました。相談の内容は「母親Aの相続した不動産を売却したい。Aは入院して療養中だが、その病気は回復の見込みはない。今は判断力はあるが、近い将来はどうか分からない。近々母を関東のBの近くへ引き取りたい」という話でした。

早速、病院でAと面談してBの話の内容が正しいかどうかを確かめ、持参した包括委任状を説明した上で署名押印（実印）をもらいました。娘さんBは立会わず私一人で行きました。

その包括委任状には一般的な不動産の売却に関しての一切の件を委任する文言の他に、解除権の放棄（民法６５１条）や復代理人の選任（民法１０４条）の文言を入れて署名押印（実印）をもらいました。代理人にはBを選任してもらい、その氏名も記名してもらいました。包括委任状には立会人として私の署名押印と日時・場所を記入しておきました。その包括委任状はAさんに渡し、もし売却する気持ちが変わらなければ娘さんBにお渡し下さいと残してきました。

後日、Bは日住サービスの方にこの不動産の売却の仲介を依頼して、無事数ヶ月後に売却完了しました。

売却のための取引は私が受任しました。買主の方には詳しく事情を説明して売主欠席にもかかわらずスムーズに取引は完了しました。
民法には委任の終了事由（民法６５３条）として、次のような規定があります。

一、委任者又は受任者の死亡
二、委任者又は受任者が破産手続き開始の決定を受けたこと
三、受任者が後見開始の審判を受けたこと

不動産の売却時、売主に判断力が欠けておれば成年後見人を選任して、その方が売却しなければなりません。先ほどの例の場合は、包括委任状に署名された時点でのＡに対する人、物、意思の確認が確実になされておればよいと思います。当然確認したのは私ですから、私が全ての責任を負って取引完了しなければなりません。

包括委任状一枚に全てを託されるのですから、形式的な確認ではなく売主の真正な気持ちで売却される意思があるかどうかを確認するため、他の親族等を同席させず確認することもあります。また、病気の種類にも注意を払わなければなりません。認知症等判断に変化が起こるような病気もあるので、事前に確認しておきます。

売買代金の使用目的にも注意が必要です。売主本人のための使用目的であるかどうかも確かめたいものです。他に相続人が存在すればその方々の同意の有無を確認し、後日の相続争いに巻き込まれないようにしなければなりません。場合によっては司法書士2人で立会いをしたほうがよいと考えています。その上で写真、録音、状況等を記載して、後日のために備えておけばよいのではないでしょうか。決済日（代金支払いのための日）前には売主Aの病状を確認しておく必要があります。

このように、包括委任状を使って高齢者や病床にある方の取引をするには、細心の注意を払ってしなければならないと考えています。

次の項では、海外に居住されている日本人の方や外国人の方が売買に使用される包括委任状について考えてみたいと思います。

20話　包括委任状（国外居住者の方）

港町神戸には、昔から多くの外国の方が居住されています。神戸北野町の異人館観光などは有名です。日本に居住の方（外国人）は、日本の不動産を取得されている方が多くいます。

国外居住者（外国人）の方が不動産所有について考えなければならない問題の一つとして、固定資産税等の納税のことがあります。調べてみますと、国外居住者の税の滞納が増えているそうです。国外居住者の場合は自治体からの納税通知などの連絡が取れなくなることが起こりやすく、これが滞納につながるようです。

所有者との連絡が取れなくなる原因の1つ目は、所有者の住所の点です。転居されれば住所移転の登記申請をする必要があります。

原因の2つ目は相続です。外国人の相続はその外国人の本国の法律に基づきますが、相続登記がされないままだと相続人不明となります。

原因の３つ目は、共有の場合です。共有者の登記で一番目に記載された方に原則として納付書が送付されますが、誰が納付に責任を負うか共有者同士話し合いがなく納税意識の希薄な場合があります。

このようなことが原因で所有者の方と連絡が取れなくなり、滞納が始まります。対策としては、日本での納税管理人を選任しておかれるのがよいと思われます。

固定資産税の未払い（滞納）には自治体は積極的に回収を図っています。督促状、差押え、公売など一定の手続きを経て、不動産の売却代金から滞納税金を回収します。ある自治体などでは「地方税管理回収機構」を設立し、弁護士ら有能なメンバーで回収に当たっています。

登記簿には、所有者として氏名と住所しか記載がありません。その１つが変われば、必ずすぐに変更しなければなりません。私は、大切な財産について氏名と住所しか記載がないのは問題があると考えています。閲覧できない別記録で生年月日も残すことができればよいと考えています。大切な財産の氏名や住所が変わり連絡できなくなることは避けなければなりません。特に所有者が居住していない不動産は、必ず速やかに変更されたほうが望ましいと考えています。

外国人が不動産を取得した後のことを先に書きましたが、外国居住の外国人、日本人の売買に必要な書類をこの項の最後に記載させてもらいます。本人確認、意思確認は証明者が面前でサインする時に確認していると考えて問題はないと思います。登記識別情報（権利書）を所持していることも重要な点で、その上、メール、電話等の他、代理人の話から二次的に確認することも誤りのない取引をすることになります。

外国在住の外国人

○売主の場合

・登記識別情報、包括委任状の他に、証明権限のある本国官憲の証明書

・署名証明（これは包括委任状の中に直接署名証明が必要です）

・住所証明書

○公証制度がある場合

証明権限：公証人、アメリカ　Notary Public、中国　公証処　など

・サイン証明（これは包括委任状の中に直接サイン証明が必要です）

・宣誓書（住所の証明書）
○買主の場合
・住所証明書（外国の官公署）または宣誓書（公証人）

外国在住の日本人
○売主の場合
・登記識別情報、包括委任状の他に、日本領事館における証明書（証明権限：総領事）
・署名証明（署名及び拇印証明ともいう。これは包括委任状の中に直接署名証明が必要です）
・印鑑証明書（署名証明に替えることができます）
・在留証明書（住所の証明書）
○公証制度がある場合
アメリカ　Notary Public、中国　公証処　など
・署名証明（サイン証明ともいう。これは包括委任状の中に直接署名証明が必要です）
・宣誓書（住所の証明書）

○買主の場合（包括委任状の他に）
・在留証明書（日本領事館）または宣誓書（公証人）

21話　相続対策を考える前に

今回は相続について基本的なことですが、対応をしっかりと考えておいてもらいたいことを書かせてもらいます。対応、対策を考えておかなければならない問題点を3つ挙げると次のことです。

1．民法で法定相続分が定められていること
2．それが共有になること
3．10ヶ月以内に総相続財産を確定し、支払う税金があれば税務申告をしなければならないこと

1は、例えば夫の死亡に対して妻と子（1人）は法定相続分は2分の1ずつですが、相続年齢や相続財産額によっては最適な分割割合にはなりません。妻が高齢で相続財産が少

ない場合など、全財産を妻が相続したほうがよい場合もあります。また、子が多数の場合など、均等に分割できない事情がある場合もあります。

しかし、法律で定めている法定相続分より受け取り分が少なくなる相続人が法に定められている不足分を主張すれば、紛争のもとになります。各自が仲が良いからなんとかなると安易に考えておれば、後悔することになります。

こんな例もあります。他の相続人から分割協議書を送られてきた相続人は、同意できずに相続財産である不動産に対して他の相続人の同意を得ず1人で法定相続持分通りの登記を完了してしまい、紛争の解決が5年以上かかってしまったこともあります。相続登記は、法定相続持分の通りであれば戸籍、除籍、住民票等で相続人1人からの申請でできます。勿論、所有者は相続人全員で、その持分割合は法定通りに登記されます。

2は、定められた相続分は共有という状態になり、相続人で分割協議しなければなりません。不動産、株、預金等全て共有となります。例えば銀行預金が金1000万円あれば、先の例では妻が2分の1相続分があるので金500万円出金して使えると考えるのは誤りです。全員の同意が必要です。

例えば、株式の例では中小企業の株式60％所有のオーナーが死亡すれば、その相続人全員の同意か分割協議できなければ議決権の行使はできなくなります。もし、相続人が6人で紛争が起こり5年、10年解決ができなくなれば、残りの40％の株主が主導権を握ることになります。40％の株主の決議で役員等が決められていきます。

3は、増税への方向へ進んでいますが、①全相続財産や②相続財産の額（相続税としての評価額）を把握し、納税する必要の有無を調査しておく必要があります。

親の財産を子は把握できていない場合が多いものです。①の財産を残された書類から調べるのは相当困難で、時間もかかります。

10ヶ月以内に調べて相続人間で話し合い、分割協議書を作成して相続税申告のための税理士の依頼をし、申告と納税をします。それらを10ヶ月以内にやりとげるには、相続人全員の協力なしではできません。

遺言書を作成しておくか残された相続人で分割協議して対応していくかは、事前に決めておく必要があります。

遺言書が作成されていても、相続人間の合意で分割協議をして遺言書を採用しない方法もとれます。遺言書は被相続人の意思ですが、相続人間で違った考えもあります。その場合は、遺言書の内容と異なる内容の分割協議書を作成して相続できます。遺言書は最悪の場合の予防のために作成するという考え方もありますので、一考されることをお勧めします。

22話　相続と債務

相続人は、相続開始の時から被相続人（死亡した人）の財産に属した一切の権利義務を承継します。その財産の中には債務も含まれます。相続財産の中に債務があるかどうかを注意深く調査する必要があります。

昔の話ですが、友人Bから死亡した父親Aの公正証書遺言による土地、建物のBへの相続登記の依頼を受け、登記を完了しました。その土地、建物はAとBが同居していた不動産でした。

父親Aには他に相続人としてBの弟Cがおり、Cのマンション購入時に資金援助をしてそのマンションをA3分の1、C3分の2で共有しておりました。そのマンションは別の公正証書遺言でCに遺贈しており、その登記も完了しておりました。しかし、AとCがマンション共有時にCが事業資金5000万円を銀行から融資を受ける際に根抵当権を設定しており、Aはその銀行取引の保証人になっていました。Aの死亡後しばらくして、Cが事業に失敗し破産しました。銀行は残った負債金5000万円のうち、Aの支払うべき保証債務として相続人Bに相続分割合の2分の1を請求してきました。

この事例ではAの子B、Cは仲が悪く、BはCの経済状態やAがCの銀行取引の保証人になっていることは把握できていませんでした。

民法では、債務の相続については放棄（民法938条）、限定承認（民法922条）という条文を設け、相続人が債務を承継しなくてもよい方法を考慮しています。Bは放棄や限定承認をAの死亡後3ヶ月以内にする必要がありました。一旦相続してしまうと放棄等はできなくなります。この事例の場合は、公正証書遺言に基づく相続登記依頼日がAの死亡後3ヶ月を経過しており、放棄できませんでした。

相続財産には積極財産（不動産、株、預金、現金等）の他に、消極財産もあります。消極財産にはどんなものがあるでしょうか。

・金銭債務（銀行、個人からの借入金等）
・保証債務（会社の役員などをされている方が会社の銀行取引の保証人になっている場合や息子や他人の債務の保証人等）

・売買、賃貸借契約等の義務の履行
・自動車事故等の損害賠償支払義務

身元保証は相続人は承継しません。先の事例は被相続人の債務の話でしたが、相続人が債務を負っている場合も注意を要します。

相続人の中の1人に債務不履行がある場合、被相続人の財産が仮差押えなど債権の回収の目標になります。例えば資産家Aの息子Bの債権者はBに債務不履行がある場合、Aが死亡したらBがAから相続する財産を債権回収の目標とします。

Aに対する相続放棄をBがすればその効果は絶対的で、Bの債権者はAの相続財産に対して回収目標にできなくなります（最判昭42・1・20）。

相続については死亡された方（被相続人）の財産のうち、負の財産については現在の債務だけでなく将来発生する債務（保証債務）等、注意深く調査する必要があります。また、早急に調査して分からない部分は、弁護士や司法書士等に相談されることをお勧めします。特に事業をされている方や債務が多い方の相続には注意が必要です。

分からないという状態で放っておくより、安全な手段の一法として相続放棄等をてしまうほうが安心かもしれません。

23話　特別受益

昔のことですが、私の友人Aの父親Bは手広く商売をしており、Aはその親を手伝っておりました。しかし、Aが32歳の時にB（69歳）は心筋梗塞で、倒れたその日に亡くなってしまいました。

法人化をしていなかったため全ての名義はBであり、10行近い銀行の名義、売掛代金、各種名義、契約等相続対策はされておらず、困難な問題が山積することになりました。しかし、亡くなった翌日には母親が実印と印鑑カードをAに持参され、3日後には残りの相続人である妹が実印と印鑑証明書5通を持参され、難局を乗り切られたそうです。

これは、母親が妹に対してかねがね「家を出た娘は実家に迷惑をかけぬようにしなさい」と話していたのと、父親Bが妹の婚姻の時や家を取得する時、相当な援助をしていたからだと聞きました。

相続に関して、民法では被相続人の相続財産に対して相続人が相続する割合を法的に決めています。しかし、法律で決めると種々の不合理な場合が発生しますので、調整するための制度を設けています。相続財産が増加するのに寄与した者には多く（寄与分）、相続財産を減少させた者には少なく（特別受益）、相続割合を調整しているのがその例となります。今回はその特別受益について、前例のように日常起こっているケースを書かせてもらいました。

民法では、特別受益者の相続分について903条1項で次のように規定されています。

「共同相続人中に、被相続人から、遺贈を受け、又婚姻若しくは養子縁組のため若しくは生計の資本として贈与を受けた者があるときは、被相続人が相続開始の時において有した財産の価格にその贈与の価格を加えたものを相続財産とみなし、法定相続分の中からその遺贈又は贈与の価格を控除した残額をもってその者の相続分とする」

先の例で言えば、妹（他の相続人）が合計3000万円の援助を受けておれば、相続開始の時において有した財産が9000万円あれば、その価格に贈与額を加えれば、相続財産は1億2000万円となります。従って、母親の法定相続分は2分の1ですから6000万円、息子Aの法定相続分は4分の1で3000万円となり、妹の法定相続分は4分の1の3000万円となります。しかし、妹はすでに相続分を相続前に贈与されているので、相続分は0円となります。

特別受益の例として、他にこんなことがありました。以前、私の事務所で問題となった案件ですが、母親が娘の子（孫）の医大の学費の数千万円を援助したことが特別受益に当たるかどうかということで、私は当然特別受益に該当すると考え対応しました。他にも多くの事例がありますが、個別の事情などを考慮して考えなければならないので専門の方に相談して下さい。

特別受益の対象財産で贈与時1000万円評価の土地が相続時には1億円となっているような場合には、相続時の評価すなわち1億円の特別受益があったものとして対応します。

この特別受益は、贈与の時期を問いません。たとえ20年前の贈与であっても考慮されますし、数回の特別受益があれば総合計額で計算します。また、平等の観点から相続人全員が同じように受けた学費や生活援助は考慮されません。

以前は、遺産分割協議書作成の代わりに特別受益の証明書を添付して相続登記をすることが多くありました。この利点は、未成年者の相続人が存在する場合、事実行為の証明すなわち特別受益があった事実を親権者が証明することで裁判所の関与（特別代理人の選任）なしに登記できることです。しかし、近年裁判が多発して否定される事案が多くなりました。事実に基づかない特別受益の証明書の使用は厳に慎まねばなりません。

相続前に相続権の放棄はできません。しかし、民法１０４９条により裁判所の許可を受け、遺留分の放棄ができるという規定を利用して対応できます。

過去に相談を受けた案件で、私は勘当された長男からのお金の無心に親が対応する策として、贈与↓裁判所の民法１０４９条の許可↓公正証書遺言（長男に相続分を与えず他の者に相続させる旨の内容）作成の手順で相続前の長男の遺留分の放棄という事実関係を作り、実質的に後々の相続争いを未然に解決した例もあります。

裁判所の判断はあくまでも公平にという理念がありますから、特別受益の利用も適切に行えば争いの起こらない相続の一助となります。

24話　扶養（親に対して）

最近の話ですが、Ａ（長男）さんから相続登記のご依頼を受け、分割協議書等必要書類を作成してお渡しし登記を完了する予定でしたが、うまくいきませんでした。

分割協議書の内容は「Ａが全財産を相続する」というもので、財産はＡの父親Ｂが残した土地約50坪（その土地の上にはＡが建物を建て所有している）と預金は約１０００万円ほどでした。Ａは父親と30年ほど同居し、90数歳で死亡するまで奥様の協力を得て苦労しながら扶養をやりとげました。死亡前の数年間、Ｂは認知症を患い、その療養看護までしたのだから当然という気持ちでしたが、他の相続人３人のうち１人が反対しました。

民法には、扶養義務として次のようなことが規定されています。

・夫婦相互間（民法７５２条・７６０条）
・親の子（未成熟子）に対する（民法７６６条）

・直系血族及び兄弟姉妹相互間（民法877条1項）
・前者以外の三親等内の親族で特別の事情がある場合（民法877条2項）

一般的に扶養義務には軽重があるとされ、親に対する扶養義務は夫婦間や親の子に対する扶養義務より軽く、自己の地位相応な生活を犠牲にすることなく、給与し得る最低生活費を支払うことで足りると考えられています。

先の例のように子が親を扶養する場合（私的扶養）は、一般的に公的扶養（介護保険法、生活保護法等）より優先すると考えられています。引取扶養の場合、前半は親が生活費の一部を負担して同居していたので扶養に当たらないかもしれませんが、後半の数年間は認知症の発病、療養看護をしたので、その負担に対して兄弟姉妹が均等に費用を分担し支払う義務が発生すると考えられます。このような例の解決のための参考として、中山直子（千葉家庭裁判所判事）の著書『判例先例　親族法　―扶養―』に記されている内容を紹介します。

「引取扶養については、経済給付の代物弁済・現物給付とみて、他の扶養義務者に対しその負担を請求し得る。扶養審判事件で引取扶養を金銭に換算した裁判例は見当たらなかった。特に看護を要するような扶養権利者（親）の場合には、引取扶養をしている扶養義務者（子）の労力を交通事故における近親者付添費用に準じる、あるいは、看護のための実働時間をパート相当給与で評価することにより他の金銭扶養を行う扶養義務者（子）の分担割合を決める際の参考とすることもあろう」

扶養費用の求償権は通常の裁判の判決でなく、家庭裁判所の審判で決定されます。

実際には、Aさんに「しばらくの間話し合いをやめて待ってみましょう」と助言をしました。4～5ヶ月経過したところ、異議を唱えた弟が折れて同意を得られ無事相続登記ができました。後で聞いたところ、Aさんは後日他の相続人の方々に現金を分配されて仲良くやっているとのことでした。事前の対策としては、公正証書遺言を作成しておくのもよいでしょう。また、死因贈与や生前に相続時精算課税控除を受けて贈与する方法も考えられます。

しかし、最近では死亡直前の公正証書遺言や色々な対策が相続人間で問題になり、争われる事件が多くなっていると聞いております。無理のない公平な分配をして、それぞれの相続人が満足できるのがよいと思います。特に「○○が全財産を相続する」という遺言をする場合には問題が起こりやすく、他の相続人への配慮をされるほうがよいと考えます。

私の身近には、親に対する扶養で苦労されている友人や親戚等数多くおります。そのような方には真面目な方が多く、適切な対応ができない場合があります。その労苦に報いるためにも、私見ですが民法に扶養分として「相続人のうち親を扶養した者は、相続財産の2分の1を限度として相続できる。その残りを、相続人は法定相続分の割合で相続する。相続人間で協議できなければ、家庭裁判所が審判で決定する」といった内容を加えていただきたいと考えます。

民法の寄与分の解釈では扶養に対応できません。また、この規定があれば多くの方々の労苦が報われますし、社会保障等の損失が改善されたり、家族は家族で面倒を看るという本来の人間としての方向に向かうのではないでしょうか。しかし、現実には扶養については特別な配慮がなされてない面がありますので、相続前の話し合いにより円満に相続できるように公正証書による遺言を作成されることをお勧めします。

直面されておられる事案に関する寄稿文をホームページでご覧いただけますので、少しは解決の足しになると考えております。

25話　扶養（子に対して）

少し前の話ですが、古くからの友人から電話で相談がありました。
それはこのような内容でした。

・離婚した女性A（45歳ぐらい）の前夫Bが遺言を残して死亡。
・その遺言は自筆証書遺言で、再婚した妻Cに全財産を相続させるというもの。
・AにはBとの間にもうけた2人の子がいた。
・Cの委任を受けた弁護士から、Aに対して2人の子の親権者として遺留分の放棄（遺留分減殺請求権の放棄）をしてほしい旨の連絡が書面にて再々あった。

少し疑問があったので、古くからの友人と再会してその弁護士から3回に渡って来た通知書等を見せてもらいました。また、友人との話の中でこんなことも分かりました。

・Bの親は資産家で病気がち、死亡しているかもしれない。
・遺留分として受け取れるのは、弁護士に依頼することもできないほど小額である。
・AとBとの間で2人の子に対してBが扶養料を支払うという内容の協議書を作成しているが、Bは3回支払っただけである。
・離婚後10数年経過している。

ここで問題となるのは次の点です。

・今回の場合、遺留分の請求権（減殺請求権）は1年間行使しなければ時効によって消滅すると定められているのに、ことさら書面作成を求めてくるのは何か問題があるのではないか。
・Bの相続財産について、少なくてもBの親の財産を相続していないか調査する必要がある。
・未払分の扶養料支払債務が相続財産となるので、一括請求できるのではないか。

・Cの弁護士が求めてきた書面の中に相続についての分割協議書に類する他の書面もあったので、隠された財産がないかどうか調べる必要がある。

Cが弁護士に委任しており、交渉相手が弁護士ですので、私の友人である女性弁護士に事情を話して事件を受けてもらいました。後日、私の友人の弁護士は扶養料の未払いと遺留分の支払いについて相手方弁護士と交渉を重ね、無事和解できたと聞きました。

子に対しての扶養料の支払いは、民法で定めた扶養義務の中で一番重い義務と考えられています。ある民法学者は「最後に残された一片の肉まで分け与えるべき義務である」と比喩的に表現され、親に対しての扶養義務に差をつけています。また、一般的に公的扶養（生活保護法等）より父母の子に対する扶養義務は優先すると考えられています。

先の例の場合、Aの再婚、Bの再婚、所得の増減など事情の変更（民法８８０条）があり、子の扶養ができなくなった場合には協議して定めた額の変更は認められます。多くの家事審判例があるので、一部をご紹介します。

・養育費の支払いを事情変更発生時に遡り、支払済みの過払分を返還させた（東京家審昭34・4・13）
・離婚に際し家屋の大半を母の所有としたが、その後、資産の大部分を費消して子の扶養が困難となった事案で、母にその帰責事由の大半があるからといって父の扶養義務の負担を免れることはできない（東京高決昭39・1・28）
・これは事情変更とは違いますが、養育費を請求しない旨の念書があっても扶養料の請求を認めた（札幌高決昭43・12・19）

扶養料の未払分の請求権は、1年より長い期間の支払い義務であれば10年の消滅時効期間であり、毎月金○○円支払うというような定め方であれば5年の消滅時効期間であると考えられています。従って扶養料支払の協議書を作成する場合は注意を要します。

扶養料の未払に対して履行を求めるために、民法は種々の制度や特例を認めて保護しています。例えば、給料に対して強制執行できる範囲は通常は給料の4分の1ですが、特例で2分の1までになります。また、間接強制（民執172条1項）、将来支払われるべき扶養料の仮差押を認める（民執151条の2第2項）等あり、保全処分についても担保を立てさせないでする金銭の仮払いを命ずるものなどがあります。

このように法律は子の扶養第一と考えて、できるだけ父母に公平に対応しようとしていますが、定めた扶養料でも所得や財産の無い者は支払えません。

一般的に母親のほうが子に対して愛情が深いように、私は思います。子の扶養を負いながら苦労されている女性の方は多くいますが、現在のような社会情勢の中、女手一つで子を立派に育てるのは難しい時代です。

子に対する手厚い社会的な施策が必要だと思います。

26話　不在者の財産管理人

昔のことで記憶が薄いのですが、蒸発という言葉が流行っていた時、ご主人に蒸発された奥様から相談を受けました。

「主人がいなくなって数年が経過しますが、主人名義の居住中のマンションを売却して娘のところへ行きたいと思っていて、できたら売却代金で娘の住まいの近くにマンションを買いたいのです。一人で生活しているため寂しくてしかたありません。主人は死亡してはいません。生きています」

このような話でしたので、不在者の財産管理人という民法の規定（民法25条から29条）を説明し、「その際は売却はできるだろうけれど、マンションの購入は無理ではないかと思います」と意見を述べました。

後日、その奥様から電話があり「先生の考えた通りマンションの売却はできて娘の近くに住んでいます。マンションの購入は裁判所が許可してくれませんでした」との報告がありました。

今回の例では、その奥様が申請人となり居住地の家庭裁判所に対して「不在者の財産管理人の選任の申立て」をします。財産管理人の候補者に奥様を記載します。添付書類は申立人・不在者・財産管理人の候補者のそれぞれの戸籍謄本・住民票等、不在者の財産目録、不動産の登記簿謄本、評価証明書、不在を証する資料（捜索願受理証明書など）などです。他に収入印紙８００円の他、切手等が必要です。

家庭裁判所に申請が提出されれば、裁判所の調査官がその申請が正しいかどうかを調査します。不在者が死んでいることは条件ではなく、たとえ調査で不在者を発見したとしても、この制度は不在者の財産や利害関係者の利益を護るためであると判断されれば審判されます。

不動産取引で偶然当事者の方に家庭裁判所の調査官の人がおられ「調査の方法を教えて下さい」と頼みましたが、教えてもらえませんでした。運転免許証の書き換えや印鑑証明書の取得の調査など、色々調査方法は考えられます。

不在者の財産管理人に選任されますと、マンションの売却については管理人の権限外行為となりますので、その許可をもらう必要があります。許可を得て売却しますが、ご主人に代わり奥様がご主人の管理人として契約書等に押印し印鑑証明書、裁判所の許可書を添付します。

不在者の財産管理人の制度は、相続にも利用できます。

例えば、相続人3人のうち1人が東京に行って音信不通で10年も行方不明の場合、失踪宣告の申立ても考えられなくはないのですが、この制度で相続人のうち1人から不在者の財産管理人の申立てをし、分割協議に財産管理人に参加してもらい相続を完結することもできます。分割協議するには相続人全員の参加が必要なためです。

私の事務所では現在、相続登記のご依頼事件の中に、この不在者の財産管理人を選任して分割協議書を作成する案件が2件あります。そのうち1件は、私が財産管理人に選任されました。分割協議書案は「法定相続人の内不在者○○については△△が上記不動産を単独相続した代償金として金××万円を支払う。ただし、その支払いは不在者の帰来時にするものとする」という内容でした。これは不在者の受け取るべき財産が少額でしたので、このような文案で裁判所の許可が出ました。例外だったと思います。

このように相続についても相続人のうち1人が不在者である場合、財産管理人を選任して分割協議に参加してもらい適切な分割後に相続登記もできます。このようなことでお困りの方はご一考下さい。

27話　同時履行の抗弁権

不動産売買取引において、買主の売買代金支払い義務と売主の物件引渡義務並びに所有権移転登記義務は、同時履行の抗弁権が成立します。少し難しい話になりますが、民法177条に「不動産の移転は第三者に対抗するためには登記をしなければならない」と規定されており、登記には対抗要件として重要な役割が課されています。

一般的な不動産取引契約書も「代金の支払いと移転登記」とは同時履行と考えて書かれていますが、代金の支払いが瞬時になされるのに対して、登記という作業は書類の受領、作成、法務局への申請等瞬時にはできません。また、所有権移転登記だけならよいのですが、その前提としての抵当権等の抹消登記もからんでくると、多数の当事者が参加してきます。ここで、司法書士としての職業の存在への必要性が生じてきます。買主の委任を受け、完全な所有権移転の責務を負うのです。そこには多くの困難と事故の可能性があり、苦労の多いところですがやりがいもあります。

私が経験した少しの注意点を書かせてもらいます。

・差押登記がされている場合は注意します。差押の債権者は原則出席してもらいます。差押されている不動産には重ねて差押をされる可能性があり、取引同時刻に再度登記簿を閲覧します。取引日間近に金融業者からの抵当権設定登記がされている場合などで市の固定資産税不払いがあると、差押がされやすくなります。取引に必要な固定資産評価証明書を取得することによって市に取引を察知され、意外に早い差押につながってきます。市税債権の差押の場合、法務局への嘱託申請書（取下）を預かり所有権移転登記と連件で提出します。抵当権者等の裁判所を通じての差押の場合は、裁判所への取下書を原則提出してもらいます。

・抵当権（3件以上）を抹消する場合、売買代金の一部をその抹消の弁済に充当することが多く、その取引日に返済（振込）↓抵当権解除↓抵当権抹消書類の受領ということになります。取引日に債権者が一堂に会して抹消書類をもらえればよいのですが、一連の作業を3件以上行い3箇所以上のところにその日のうちに抹消書類を受領に行くのは困難であり、事故につながります。契約時に取引日前抹消する抵当権を考えるか、取引日に債権者に一部来てもらうか対策を考えておくことが必要です。

・債務の不払が生じている抵当権等がある場合や債権放棄が生じる場合は、全債権者に取引に参加してもらいます。8社ぐらいの債権者が一堂に会して取引したこともありましたが、1社でも書類に不備があれば取引は中止します。返済も8社全員の抹消書類を預かり、一括に返済金振込みを銀行に依頼します。返済され全債権者の口座に入金が確認されるまで取引は完了せず、全員確認できるまで待ちます。そこで抹消書類の受領となり、取引は完了します。1社ずつの返済は事故の元になります。従って事前の債権者との打ち合わせが非常に重要となります。

・個人が債権者である抵当権がある場合は、取引日に参加してもらうか事前の抹消をお願いしています。債務の残高証明をもらって取引し、後に弁済して抹消という考えもあるようですが、個人間の債務には個々の色々な事情や感情のもつれがあり、債務の弁済だけでは抹消書類をもらえないこともあります。

・抵当権者の死亡、合併、解散等のある場合は契約前に調査を済ませ、その対応を考慮した契約が必要です。

・返済金は現金が必要で、小切手などは不可です。預金通帳に小切手で入金し翌日に取引を迎えても出金できず、困ったこともありました。

・取引日を変更する場合、利息によって返済金の額が相違するので債権者の同意が必要です。相当の期間が必要となります。

私は日住サービスの取引において、幸運にも約34年間無事故でした。これは日住サービスのお客様が良いということが一番、日住サービスの会社の志が高く社員の質が良いということが二番、三番目は私の事務所のメンバーの質とチームワークのお陰だと思っています。それに付け加えさせてもらうなら「少しの勘」「小さな勇気」があったからかもしれません。

登記の申請には決済の準備と打ち合わせ、取引の立会、申請書類の作成、提出と回収、整理と返却等多くの作業があり、一つの小さなミスが結果として大きなミスを生みます。ミスの早期発見、訂正、謝罪等は事故や事件を未然に防ぎます。何事に対してもフレキシブルに謙虚にやっていきたいと考えています。

28話　高齢者などの意思確認

近年、不動産取引において売主の高齢化が目立つようになりました。

その中で避けられないのが、高齢者の方々の判断力の低下という問題です。高齢化だけとは限りませんが、直接ご本人からの売却意思の確認ができれば問題は解決するのですが、成年後見人を選任されて後見人から売却されるほうがよいか判断に迷うことが多くなりました。

私が日頃、日住サービスから依頼されて高齢者などの意思確認を行っている時に感じていることを書かせてもらいます。これはあくまでも私１人の司法書士としての考えですので、ご了承願います。

高齢者などの意思確認の対象の方と時期

意思確認は全ての売主の方に必要ですが、代理人が売却を依頼され、かつご本人が高齢な方等で判断力が低下されている場合は注意を要します。司法書士に取引依頼時にはすでに売買契約後取引日が決まった場合が多いのですが、それでは遅すぎます。仲介業者と売却委任契約前に意思確認したいものです。必ず売却依頼を受ける前に面談し、意思確認を済ませておくべきです。後日、司法書士と仲介業者との状況判断の相違でご本人たちや買主に迷惑をおかけしないように、一緒に売却意思確認できればよいと考えています。

高齢者などの意思確認内容

ご本人に直接会って会話をし、売却の意思の確認、物件の確認、その所有者であるご本人であることの確認、代理人との間の身分関係等などの確認を「はい」とか「いいえ」などの返事だけですべきではないと考えています。

代理人の確認は必ずしますが、包括委任状への代理人の氏名の記入はご本人の意思確認時にご本人か代理人のどちらかに記入していただけたらよいと考えています。

ご本人から直接でなくてもよいのですが、売却代金の使用目的も重要な質問事項です。不要不急なお金の場合、誰が管理、使用されるのかも。理由は本人の財産がご本人のために使用されない場合、売却だけでなく贈与などの問題についてもご本人に認識してもらう必要があるからです。

代理人が推定相続人である場合、他の推定相続人の存在や売却の合意がなされているかどうか。理由は、相続財産として分割されるべき不動産を売却されることによって相続争いに巻き込まれる可能性があるからです。

居住用の不動産である場合、売却後どうされる予定なのか。代理人等が一緒に面談に立会い、一方的に質問に対して答えを促すような場合もありますが、それでは正確な意思確認になりません。公正証書遺言を作成する時、公証人と証人2名と遺言者のみで遺言することを参考にしたいものです。

高齢者などの意思確認の方法

・署名。必ず自署を求めます。書く力が衰えていても書こうとする気持ちが重要です。ですから、どんな署名になろうとも自署を求めます。その後、親族の方に手を添えてもらってもよいと考えています。その時は必ず日付も自署してもらいます。

・会話。これは私の話を理解し、答が適切になされることが必要です。

・写真。署名中に写真を撮ります。

・代理人に対しての包括委任状に署名、押印をもらいます。
・ご本人の身分証明書を確認しコピーをもらいます。
・代理人の方に確認書（ご本人の売却意思があったとの）をもらいます。
・後日のために、司法書士として正しい意思確認があった状況を書いた資料を残しておきます。
・包括委任状や身分証明書等のコピーは10年以上残しておきます。

雑感

認知症の方の意思確認は基本的には成年後見人制度を適用して、後見人の方から売却してもらいます。判例（名古屋高判　平14・9・18）によりますと、確かな意思確認がなされても、後日認知症であったという事案で不動産取引が無効となった事例があります。

高齢者などの意思確認は、取引決済直前に2回目の面談が必要であるとの考え方もあるようですが、売却委任契約前の1回の面談でよいと考えています。例えば病気の方が売却の意思を表明され、代理人が契約の成立から決済へと準備を済ませた時に、2回目の面談でご本人の意思が確認できないことによって契約不履行になることは避けなければなりません。しかし、1回目の意思確認後あまりに日が過ぎるようでしたら、売買契約前にもう一度ご本人の意思確認も必要だと考えています。

高齢者などの資産の売却の場合、その資産が売却された代金の使い道が重要だと考えています。ご本人の身になって、全ての状態を把握できれば意思確認も正確になると思いますが、代理人のお話だけでは判断しにくい場合、よりつっこんだ質問も必要ではないでしょうか。それによって売却についての必然性を知ることが大切です。

疑問を残したままの状態で取引をしたくないものです。

29話　相続不動産

ある会社のOBの方Aが相談に来られました。

相談の内容は「Aの父名義の相続不動産（甲物件土地約80坪、建物古家あり）があり、母も死亡し子（全員で4名）が相続している。死後10年ほど経過しているが相続登記もせずに売却も反対の者がいるのでできてない。どうすればよいか」というものでした。

よく聞くと、反対者はAで他の相続人3人の方は女性で、できたら売却して分割してほしい希望があるようでした。反対の理由は、不動産の値上がり期待による売却時期の迷いや父母の介護による寄与、今までの不動産（居住していない）の管理費、固定資産税の支払い、売却時の税金等、分からない点が多くあり、そのまま反対しているとのことでした。

相続不動産について分割協議する方法としては、次のようなものがあります。

①Aが単独に甲物件を相続する。

②Aが単独に甲物件を相続し、その代償分割金を他の相続人に支払う。
③Aが単独に甲物件を売却のために相続し、売却代金を諸経費を差引き分配する。
④A他3名の共有名義に相続し、売却代金については各自諸経費負担を支払い、税務申告も各自でする。
⑤共有名義に相続登記をし、そのまま売却せず所有し続ける。
⑥土地を4筆に分筆して各々20坪の土地を所有し建物はAさんの場合、取毀する。その後ガレージ等の収益物件とする。

私は事情を詳しく聞き、③の方法を勧めました。

分割の内容としては「Aは甲物件を売却のために単独相続する。Aは売却代金のうちから譲渡所得税、寄与分金、支払済の固定資産税、売却経費（仲介料、登記費用、測量費用等）を差引いて残金の4分の1ずつを他の相続人3名に支払う」というもの。こうすれば、他の相続人に対しての売却代金支払いについては贈与税はかかりません。

以前でしたら④の方法も有力でしたが、長期譲渡所得税の控除額が1人につき金100万円あったのが廃止されたのと、各自が不動産譲渡所得税の申告をしなければならず、他の女性の相続人にとって不利な状態が見受けられたので勧めませんでした。

相続不動産の中で収益物件（土地は除く）の場合は注意を要します。

こういう例があります。震災の時の話ですが、公費で被災建物は解体してもらえました。この場合、共有者全員の同意が必要でしたが、1人が反対したため解体できませんでした。後日修理して収益しようとしましたができず、安く手離すことになりました。

共有物件の補修、塗装等費用のかかる場合の対策を考えておく必要があります。売却も一考する必要があります。

30話　自筆証書遺言

電話にて遺言の相談を受けました。

相談は以前、夫からの相続登記をさせていただいた奥様Aからで「同居の末娘Bに家を相続させたい。他に子供は2人いる」という内容だったため、公正証書遺言の説明をしたところ「費用が高くて支払えない」と言うので、自筆証書遺言を作成してもらうことになりました。

説明だけでは心配なので、家屋の権利書と住民票（A、B分）を持参してもらい、原稿を作成することになりました。私の事務所の担当者と私とで面談し、遺言内容を検討しました。

・借地上の建物であるため借地権も記載すること
・他に財産はないので、その他の財産のことには触れないでおくこと

・永住許可のある外国人であるため、本遺言書の準拠法として日本法を指定すること
・遺言執行者としてBを指定すること

こうしたことを打ち合わせ事項として、後日もう一度来所してもらい原稿を渡すことで帰ってもらいました。

その晩、私はこの案件は死因贈与証書作成のほうがよいのではないかと思いました。翌日、担当者に死因贈与証書の文案を作成してもらうことにしました。自筆証書遺言では死亡後、遺言証書の検認を受ける必要があります。そのため裁判所の検認添付書類としてAさんの外国人としての相続を証する書面が必要です。この手間と費用を考えると自筆証書遺言より公正証書遺言のほうが安価になります。が、費用がないとなると死因贈与証書を作成し、自署してもらい実印を押印（印鑑証明書添付）し、他の相続人のために確定日付を取る対応で処理してもらいました。この説明でA、Bに来所してもらい、作成した書類を渡して喜んでいただきました。

自筆証書遺言には、次のような要件があります。

・全文自筆で作成すること
・作成日付、氏名を必ず自署
・押印すること
・訂正方法は一定の方法

また、遺言内容では受遺者や財産の特定の方法、遺言の内容、すなわち「あげる」「相続させる」「贈与する」等の明確な言葉で書くことも必要です。失敗例が沢山あります。

死因贈与証書作成の方法は、死因贈与証書を作成し執行者を定め自署して実印を押印し印鑑証明書を添付しておけば、死亡証明書（除戸籍謄本）、死因贈与証書（印鑑証明書添付）、執行者の委任状（印鑑証明書添付）で登記できます。民法554条によって遺贈の規定が適用されますので、税金も相続に準じます。欠点は、登記の際の登録免許税率（固定資産税評価額の1000分の20）が割高になることです（相続の税率は1000分の4）。

追　記

遺言に関して重要な判例があります。

東京高裁　平18・6・29（ネ）634号

「遺言者が『財産を相続させる』とした遺言書における受益相続人が遺言者より先に死亡した場合に代襲相続は認められるか」の結論は、一般的には認められない取扱でしたが、前記判例は認めているので今後の動向を見極めることが必要になってきました。今回の事例で説明すると、BがAより先に死亡した場合、Bの相続人（子）に遺言の効力が及ぶかどうかの問題です。

31話　共有物分割請求権

以前、相続登記をさせていただいた奥様Aから相談がありました。

相続物件（マンション）のうちの一戸に亡くなられたご主人の友人（女性）が居住しており、その方Bが持分2分の1を共有しているが、Aさんはその状態が不満であるとのことでした。

相談の結果、次の内容証明郵便を出すことにしました。内容は「本郵便が送達された日以降の日よりの使用損害金として家賃相当額の半額を支払え」というものでした。しばらくしてBの代理人である弁護士から「Bはそのマンションを退室していること」「従って使用損害金は支払わないこと」「売却を希望し、もしAが同意しなければ裁判所へ共有物分割請求の訴をすること」という内容証明郵便が届きました。

Aさんは早速Bの代理人弁護士と話し合いをし、日住サービスのような大手の不動産販売会社に依頼して売却し、その売却経費を除いた代金を半分ずつ分けることで合意しました。当然、弁護士費用はBの負担です。Aさんにとって初期の希望通りの結果になり、満足していただけました。

不動産において共有状態であれば、原則として共有者はいつでも共有物の分割を請求することができます（民法256条）。また、その分割請求に対して協議が調わない時はその分割を裁判所に請求することができます（民法258条）。裁判所は、その請求に対して次のような方法を検討して対応してくれます。

・現物分割（土地建物でも分割が可能な場合で、著しく価格を減ずるおそれのない時はその不動産を分割する）
・代償金の支払い（建物などで分割しにくい場合は共有者の一方の金銭の支払いで単独所有にする）
・競売（競売にして代金で分割する）

ただし、遺産相続により相続人の共有になった分割については家庭裁判所が審判でされます。今回の場合は「不動産の共有者は当該不動産を単独で占有することができる権限がないのにこれを単独で占有している他の共有者に対し自己の持分割合に応じて占有部分に係る賃料相当額の不当利得金ないし損害賠償金の支払いを請求することができる」（最判平12・4・7）という判例から対応させていただきましたが、不動産における共有という状態は、一方の共有者に有利な場合は他方の共有者には不利であり、我慢をさせられていることが多いと思います。

できるだけ共有状態にならないように、相続の時も含めてお勧めしています。また、売買等の場合の取得時共有にする時は、その出資した金額の割合にしなければなりません。

32話　相続の放棄

3年前にご主人Aを亡くされた奥様Bから、相続登記の依頼を受けました。相続人は、他に前妻の子Cとの2人でした。BとCとは日頃の付き合いはなく、Bの希望は全財産をBが相続したいというものでした。相続財産は、Bが居住している土地・建物と同等ぐらいの負債でした。早速、分割協議書を作成し、その押印等を求めましたが、Cは父が生前多くの債権者と付き合いがあることを知っており、相続放棄（民法938条）を希望されました。

相続財産を放棄するには、次のような方法が考えられます。

・裁判上の相続放棄をする
・分割協議してその分割内容で財産を受け取らない旨の分割協議書を作成する
・相続開始前に相続割合に相当する財産を受け取っていたという特別受益証明書を作成

する

・相続分譲渡証明書を作成する

分割協議書で相続財産のうち、債務についての分割をしても、債権者に同意を得なければなりません。一般的な金銭債権については、債権者は相続人が2人いて1000万円の債権があれば、各々500万円ずつに分割して請求できます。

相続放棄とは、相続人の地位を拒否する身分上の行為とされ、その相続に関して初めから相続人でなかったものとみなされていますので、一切の負債からの請求を免れます。家庭裁判所への申述（民法938条）、相続開始があったことを知った時から3ヶ月以内に放棄をしなければならない（民法915条）と規定されています。

先の例では、死亡後3年も経過しているにもかかわらず父の死亡を知らなかった、また、債務の存在を初めて知ったとの理由で裁判上の相続放棄が認められ、無事Cの「相続放棄申述受理証明書」を取得し相続登記を完了できました。Cさんには喜んでもらえました。

今回の例では被相続人（父A）の債務について書かせてもらいましたが、他に相続人の1人が多額の債務を有している場合も注意を要します。普通に速やかに相続分割されればよいのですが、意識的にその相続人の分割割合を少なくしたりすれば詐害行為取消権（民法424条）を行使されますので、分割協議から相続登記に至るまで速やかに済ませておく必要があります。そうでなく放置しておれば、相続財産が債権者からの代位による相続登記、差押等債権の回収目標となります。

多額の債務を抱える妻が、債権者から請求された後、死亡した夫の相続財産を子らに分割協議で相続させ自己破産してしまった事例で、詐害行為取消が認められた判例があります（最判平11・6・11）。

33話　尊厳死宣言公正証書

古くからの知人である銀行のＯＢの方から、尊厳死宣言の公正証書作成の依頼がありました。公証人と打ち合わせをして公正証書を作成しました。参考に要旨を載せてみます。

尊厳死宣言公正証書

第1条　私、○○○○は、私が将来何らかの病気に罹り、それが不治のものであり、かつ、その病気が原因で死が迫っている場合に備えて、私の家族及び私の医療に携わる方々に、自らの死の在り方について、次のとおり希望を申し述べます。

私の病気が、担当責任医を含む2名以上の医師の客観的・医学的知見によって、不治の状態にあり、かつ死期が迫っていて、延命措置を行うか否かにかかわらず死に至り、その延命措置が単に死の過程を人為的に引き延ばすだけであると診断された場合には、苦痛を伴う手術や延命のみを目的とする措置は極力避け、苦痛を和らげる最小限の措置にとどめて、人間としての尊厳を保った安らかな最期、すなわち尊厳死が迎えられるようにご配慮願います。

第2条　私がこのような尊厳死を望む理由は、私自身がかねがね苦しみながらの長生きはしたくない、親族にはできる限り迷惑をかけたくないと強く思っているからです。

第3条　私に第1条の症状が発生した場合、私の担当責任医を含む2名以上の医師が合意の上、この公正証書に基づいて私の意思が最大限尊重されることを期待します。

第4条　念のため、警察・検察関係者におかれては、医師が私の意思に沿った行動を執ったとしても、これらの方々を犯罪捜査や訴追の対象とすることのないように特にお願いしておきます。

第5条　この公正証書は、私自身が心身ともに健全な状態にある時に作成したものです。従って、私自身が有効な破棄又は撤回をしない限り、その効力を持続するものであることを明らかにしておきます。

以上

最近の医療の在り方について疑問を持っていた私も同じ機会に尊厳死公正証書を作成し、事務所のメンバーや息子たちに私の意思を伝えました。作成費用は12000円でした。

公証人はこの公正証書は絶対的ではなく、医師の判断や家族の思いで希望通り実現できなくなる可能性のあることを説明されました。また、紛失等で必要な時にこの公正証書を医師に示すことができない場合は、再発行ができるかどうか難しい可能性があるので保管は適切にしてほしい旨の指導がありました。

調べてみると日本尊厳死協会の機関誌「リビング・ウィル」のアンケート結果によれば同協会が登録、保管している「尊厳死の宣言書」を医師に示したことによる医師の尊厳死許容率は2003年は95・9%、2004年は95・8%でした。

臓器提供の意思は2010年7月17日に施行される改正臓器移植法で免許証に意思表示できるようになりました。この尊厳死宣言も免許証に意思表示できるようになってほしいものです。

医療全般についても司法（刑事、民事）、行政など一体的な総合政策を国を挙げて取り組まなくてはならない時期に来ているのではないでしょうか（東大教授　林良造　2007年3月9日　日本経済新聞「経済教室」を参照して下さい）。

34話　金銭消費貸借（1）「借りたカネは返すな」

加治将一・八木宏之著『企業再生屋が書いた借りたカネは返すな！』という本は50万部売れたそうです。

八木宏之は2010年1月に脱税指南容疑で地検に逮捕されました。その朝の喫茶店でのモーニングの味は格別でした。

誰もが一度はお金を借りたり貸したりしてはいないでしょうか。貸したお金は返済されたでしょうか。個人間のお金の貸借では半分も完全返済されていないのではないでしょうか。今回は司法書士の目線から、お金を貸す場合どのような対策をすれば返済されやすいかを書かせてもらいます。全ては書けないので、次のような事例に即して説明します。

数年前、相続登記の依頼のあった高齢の女性Aより、友人の女性Bから300万円を貸してほしいと依頼され相談に乗ってほしい旨電話があり、次に示すいくつかの対応方法の中から③で対応することにしました。

①証書作成による貸付

証書には貸付けた金額と利息、損害金、返済日を書き、必ず本人の署名と貸付金額、貸付日を本人に自署してもらいます。外に貸付を受けた領収書と印鑑証明書、本籍の記載のある住民票、免許証のコピーを残しておきます。

②公正証書作成による貸付

公証センターで貸主、借主立ち合いで公正証書を作成します。借主は印鑑証明書、実印、免許証を持参して作成します。この公正証書は判決と同等の力があります。執行文の送達も公正証書作成時に（交付送達）しておけば手間が省略できます。

③金銭消費貸借抵当権設定証書作成による貸付

借主に私の事務所に印鑑証明書、実印、免許証、本籍の記載のある住民票、権利証を持参願い、前記証書を作成し抵当権設定登記の依頼を受けます。担保物件の調査は事務所でインターネット閲覧をし、担保力があるかどうか判断します。貸主は同席しなくても他の日に登記依頼されてもいいです。

④譲渡担保契約による貸付

不動産の価格と貸付の金額が同じくらいなら前記証書を作成して所有権移転登記（原因譲渡担保）をします。不動産取得税は2年間の猶予申請ができます。

⑤質権設定による貸付

借主が宝石や時計をお持ちなら、それを預かり質権を設定したことの書面を作成します。この書面には写真を添付して2通作成し各自所持します。

⑥連帯保証人を付けた貸付

前記対応の他に連帯保証人がおれば返済される確率が上がります。担保等は借主本人以外の連帯保証人の物件でも可です。連帯保証人は借主と同等の立場になります。

これらのような方法は事例に対しての対応として考えましたが、私の今までの経験で言えば貸さないのが一番です。どうしても貸さなければならないのなら10万円ぐらい貸して反応を見るのも一法ですが、10万円が返済されても2回目の借り入れ申込みは必ず断るべきです。2回目以降が怖いものです。貸付をすると友人とは債権者、債務者の関係になり最悪の場合、殺人事件にまで発展します。どうしても貸さなければならないのなら、返済のため、私たち司法書士を使って対応するか、１００％返済がなくてもよいと覚悟して貸すか、どちらかだと思います。

次の項では、返済してもらうための債権回収の方法を考えてみましょう。

35話　金銭消費貸借（2）「抵当権」

前の項では、貸す時の注意点に主眼を置いて書かせてもらいましたが、その金銭消費貸借（以下、貸借という）が返済されない場合を考えてみたいと思います。

先の事例はこんな内容でした。

「数年前、相続登記の依頼があった高齢の女性Aより、友人の女性Bから300万円を貸してほしいと依頼され、相談に乗って金銭消費貸借抵当権設定証書作成による貸付の方法で対応」

その後、返済がないとの相談を受けたとします。対策を考えてみましょう。

話し合いによる解決ができない場合

事前に内容証明郵便などで期限を決めて返済を求めても、話し合いにも応じず返済のない場合は「担保不動産の競売手続」を裁判所に申請します。この申請手続の方法は複雑で説明は省略しますが、予納金として約70万円と印紙、郵券などで3万円ほどが必要です。

裁判所はただちに担保不動産に対して「担保不動産の競売手続」が開始された旨の差押の登記をします。また、物件を調査し売却基準価額の決定を評価人（不動産鑑定士）に依頼します。一般の取引市場における価格（正常価格）が1000万円の担保不動産であれば、売却基準価額はその60％、600万円ぐらいがその価格となります。競売期日が決められ、入札、売却、配当と手続きは進みますが、友人の不動産鑑定士に聞くと「競売に対して人気が高いので、正常価格が1000万円の不動産であれば、それに近い額で売却されている」とのことでした。

裁判所からは300万円の元本債権と、2年分を限度額とする利息か損害金と裁判所に対して必要だった手続経費が配当としてAさんに支払われます。

無剰余の場合は競売手続きが取消決定されます。すなわち、1000万円の担保不動産に1番に1000万円の抵当権があり、Aさんの抵当権（債権額300万円）が2番であればAさんが競売手続きをしても取消決定されます。理由はAさんに配当が支払われる可能性が少ない（無剰余）ためです。この場合、抵当権が設定されていてもAさんは他の方法で債権の回収をはからなければなりません。

Aさんが競売手続をしたくないような場合、例えばAさんの息子さんへ債権譲渡し、息子さんが競売手続することも考えられます。債権譲渡の場合は債務者の承諾か債務者への通知が必要です。また、抵当権の移転（抵当権者のAさんから息子さんへの）の登記をしておく必要があります。

話し合いによる解決の場合

①債務引受

Bさんが返済できず、不動産も競売されたくなければ、例えばBさんの息子さんに債務を引き受けてもらい返済を受ける方法もあります。この場合、息子さんの支払った分に対する不動産の所有権移転（原因　売買）をしてもよいでしょう。抵当権変更（債務者Bから息子への）の登記をしておく必要があります。

②任意売却

Bさんの売りやすい時期と方法で売却し、その代金で返済を受けます。この方法だとBさんが主体で動くので好まれ、多く利用されています。

③賃貸借

Bさんが担保不動産に居住していない場合、Aさんが借りるか、他の人に賃貸借に出してその賃料で返済を受けます。

④代物弁済

Aさんが担保不動産を代物弁済として移転を受ける場合は、後日担保不動産の価格と債権額の差額が問題にならないように契約書を作成して担保不動産の価格を決定し、その差額を精算する必要があります。

このように適切な担保のある貸付であれば、返済される確率は非常に高くなります。

銀行の融資には不動産担保による方法が広く採用されています。担保不動産の正常価格の80％ぐらいが目安になりますが、最近では住宅ローン融資などでは100％ローンとか、その他の諸経費も含めた額に対する住宅ローンも出てきています。

しかし、経済情勢などで担保不動産の正常価格が下落して債権回収できない事例が多く発生しています。また、地震やマンション自体の評価の下落など、個別の事件で正常価格が下がって債権の返済が難しい場合もあります。いずれにしても不動産担保による貸付は絶対的に債務者に対して優位になりますので、この方法を利用したいものです。

36話　境界における取得時効

時効についても色々と相談を受けることがあります。

Aさん（甲土地所有）より相談を受けました。Aさんは隣人Bさん（乙土地所有）より、甲地・乙地間の筆界確認書に押印を求められました。Bさんは乙地を売却する予定で乙地を測量したとのことです。その際、Bさんは甲地・乙地間にAさんが設置したブロック塀が乙地へ越境（10㎝）している事実をAさんに説明しました。Aさんは納得できずAさんの自費で甲地の測量をしましたが、越境は間違いありませんでした。しかし、ブロック塀設置後25年を経過し、その領収書もあります。

不動産の境界についての越境の問題は、塀だけでなく下水・排水管、屋根、物置等色々な場合があります。民法は時効という制度を設け、次のように規定（民法１６２条）しています。

・20年間、所有の意思を持って、平穏にかつ公然と他人の物を占有した者はその所有権を取得する。
・占有の開始の時に善意であり、かつ過失がなかった時は10年でその所有権を取得する。

解決方法の1つとして、AさんはBさんに時効を援用して越境部分の所有権の取得を主張できます。Bさんが時効の完成に同意すれば乙地の越境部分を分筆して、越境部分の所有権移転登記をAB共同で申請することになります。この場合、原因は時効取得とし、取得日は25年前のブロック塀設置日となります。必要書類はBさんの権利書、印鑑証明書、実印等とAさんは住民票と認印となります。

もし、Bさんが時効の完成、移転に同意しなければ裁判でということになりますが、Bさんは売却を前提として筆界確認書を必要としているので、弱い立場であることに間違いありません。

他の解決方法としては、AさんとBさんとが覚書（示談書）を交わす方法があります。内容としては、Aさんは越境の事実を認め、後日Aさんがブロック塀を撤去するにいたった場合は甲地内に塀を設ける等、時効の利益の放棄（民法146条）をし、BさんはAさんの越境の現況を承認する。Ａさんは前記筆界確認書に押印します。

越境部分はわずか10㎝で、面積にすると１㎡（０・１㎝×10ｍ）ぐらいで金額的には少額です。分筆費用、所有権移転登記費用等を考えると、示談書を交わす方法のほうが経済的で時間的にも速やかに解決できます。また、ＡさんＢさん間にもいさかいが起こりませんので、私はこの解決方法を勧めます。

このように地主さんが土地を売却する場合には、隣地の筆界確認書を求められたり境界標の明示、図面の提供が必要となります。また、越境の事実があれば時効の中断（民法１４７条・請求・仮処分等・承認）などの法的対応をしておかなければなりません。請求は裁判上の請求を意味しますので、承認が適当だと思います。示談書の作成で対応できます。

示談書の内容については、時効の完成前と完成後では少し違ってきますので注意を要します。また、土地について境界不明な場合や境界について争いがある場合は、測量（現況）を行い問題を解決しておく必要があります。それが財産価値を高め、すぐに売却できることになります。

37話　死因贈与

死因贈与については時々相談を受けます。

例えばA（単独相続人）から、死亡した母親の介護をしてもらった親戚のBに母親の居住していた不動産（土地・建物）を相続した後、贈与したい旨の相談を受けました。贈与税は計算すると数百万円必要です。Bはその税金を支払う力がありません。

そこで、このように説明しました。

第1案　死因贈与する

私の場合は、A、B立会いのもと公証センターで死因贈与契約の公正証書を作成します。その中で受贈者Bのために仮登記（始期付所有権移転仮登記、始期Aの死亡）を目的不動産にすることを記し、後日のために執行者をBとしておきます。これで後日、Bは単独でこの仮登記の本登記を司法書士に依頼できます。死因贈与の良い点は目的不動産に前記仮登記をするため、Aが後日売却や担保に入れることができにくくなる点です。

第2案　Bに遺贈する

私はAほか証人2名の立場として公証センターで公正証書遺言を作成します。相続人でないBに目的不動産を遺贈する。遺言執行者をBとするという内容です。この遺贈は登記できません。

第1案、第2案の長所は贈与税がかからない点です。死因贈与は民法で遺贈の規定を準用されていますから、税も同じで相続人以外に贈与する場合は通常の相続税の税額の20％増しということです。しかも、目的不動産の課税評価価格が2000万円だとすると、相続税の基礎控除額5000万円＋相続人1人の控除額1000万円で、合計6000万円ある控除額を超えませんから税金は無しです（注　法改正で控除額等は減額されています）。

第3案　税金を支払う

これが一番現実的だと考えています。10年先、20年先の死因贈与や遺贈であればBが必要とする時に自由に売却や管理ができません。Bにとって数百万円の税金は痛いでしょうが、満足できるのはこの案かもしれません。注意を要するのは、贈与を受けてすぐに売却すれば売却価格で贈与されたとみなされる場合がある点です。贈与税算出の不動産価格は、土地は路線価格、建物は固定資産税の評価価格で計算されますが、売却価格より安い場合が多いものです。贈与された年の次年度に売却すればいいのかもしれません。税理士の方に相談して下さい。

第1案で死因贈与を受けて仮登記をした後、その死因贈与の撤回は遺言の撤回（民法1022条）の規定が準用されるとの最高裁判所の判例があることも注意を要します。すなわち今回の例ではAは後日、Bに死因贈与するという内容と異なった遺言をすれば、後日の遺言が効力を有します。すなわちBがその不動産をもらえなくなる場合もあります。しかし、BがAの母親を介護した代償として死因贈与を受けたと考えるなら違った答えになるかもしれません。

38話　売買における本人確認・意思確認

私の若い時のことですが、ある取引の依頼を受けました。売買物件は中学生ぐらいの未成年者（以下、本人という）所有の更地で、依頼者は本人の母親です。父親は死亡しており、その相続財産のうち、母親が相続した物件（隣接地で同じ坪数）を売却せず、本人の相続物件のみを売却するとのことです。私は本人の取引参加か事前面談を希望しましたが拒否され、最終的には取引依頼を断られました。理由は、母親が本人にこのことを絶対に知らせたくないからとのことでした。

本人確認・意思確認は、買主のためだけでなく売主の方にとっても重要なことです。本人の意思に基づかない売却や代金が本人に支払われない状態が起こってはなりません。最近では法の改正等で司法書士の本人・意思確認の不備に対する責任が重くなってきました。ここでは「売買における基本的な本人・意思確認方法」「例外的な案件」「問題点」などを簡単に書かせてもらいます。

基本的な場合

A　売主の本人・意思確認

売主が出席　運転免許証、住民基本台帳カード、パスポート等（第1号書面、官公庁が発行した顔写真入身分証明書）で本人・意思確認をします。

売主が欠席　①事前面談（前記第1号書面必要）

②本人限定受取郵便で必要書面送付し、署名、実印押印後返送（前記第1号書面必要）と電話にて本人・意思確認をする。代理人の方の本人確認書面（運転免許証等）が必要です。

権利書（登記識別情報）がない場合、本人確認情報（旧 保証書）を作成する必要があります。

売主が出席　運転免許証、住民基本台帳カード、パスポート等（第1号書面）か、健康保険証、医療受給者証、国民年金手帳等（第2号書面、法人・官公庁が発行した顔写真なしの身分証明書）を2種類以上用意の上、取引で面談して本人・意思確認する。

売主が欠席　事前面談が必要です。面談の上、前記必要書類も取得します。

公証センターで公証人により本人の委任状の認証ができます。

B　買主の本人・意思確認

買主が出席　身分証明書（運転免許証等）で本人確認

買主が欠席　買主なので場合により売主のように面談しなくても電話等で本人・意思確認できたらいいと考えています。包括委任状持参の代理人の方の本人確認書面（運転免許証等）が必要です。

例外的な案件

・未成年者の後見人
・判断力のない人の成年後見人
・不在者の財産管理人
・死亡者の相続人
・破産会社（破産者）の破産管財人（裁判所の許可も必要）
・清算中の会社の清算人

・宗教法人の代表者（総本山の同意が必要な時がある）
・財団法人の代表理事（基本財産の売却の場合主務官庁の許可が必要）
・法人の代表とその法人の取引（取締役会の同意が必要）　等々

問題点

・法人が売主の場合の代表者の本人・意思確認が難しい。しかし、経営状態が悪化している法人の場合には必ず代表者の本人・意思確認が必要だと考えています。
・売主側と買主側と別々の司法書士が代理人となった場合で、売主欠席の場合の売主の本人・意思確認。この場合、事故が起こった時の責任は両方の司法書士にあるのではないかと考えます。このため、売主の本人・意思確認は買主側の司法書士にも必要と考えるのですが…。
・外国に住む売主（日本人、外国人）の本人・意思確認。この場合はケースバイケースで考えます。
・前記例の未成年者の本人・意思確認は高校生ならする、18歳以上ならする等色々な意見もありますが…。

・高齢な方の本人・意思確認判断に迷うことも多いのですが、将来相続人となられる方の全員の同意の有無によって、少しは柔軟な判断をしてもよいのではないかと考えることもあります。

・別居中の配偶者の場合は、本人・意思確認も注意が必要です。時に売買代金が誰の手に渡るかも確認することが必要です。

紙面の都合で書けませんが、他にも注意を要する場合があります。言えるのは「直感を働かせて時には必要以上の調査」も重要ということではないでしょうか。危険な取引は時には断念する勇気も必要だと考えています。私は、最悪のことを考えて裁判になっても勝訴できるような対応や書面の作成を心掛けるようにしております。

39話　成年後見人

ある取引での話ですが、日住サービスより取引の依頼を受け、売主の別の仲介業者（以下、業者という）と打ち合わせをしました。

業者は売主欠席で委任状にて不動産売買契約（以下、契約という）を済ませたので、同じように決済も委任状で売主欠席でやってほしいという希望でした。

話し合いの中で不審を感じたので、強引に売主の家に本人意思確認に行かせてもらいました。すると、売主は脳溢血のため話すこともうなずくこともできない状態でした。奥様に事情を聞くと、2ヶ月ほど前にこのような状態になり、心ならずも業者に言われるままに契約してしまったそうです。ご主人はこうなる前、業者に売却の依頼をしていたとのことでした。私は司法書士としての職責と法律の制度を説明しました。この契約は不履行になり、手付金の倍戻しをして契約解除されました。

この例で言えば、成年後見制度では売主（以下、本人という）に判断能力がなくなった場合、本人にとって不利益にならないように家庭裁判所を通じて援助者（後見人）を選任します。以後は後見人が本人の代理人となり不動産の売却をします。

成年後見人の選任の申立は、家族の方が申立人となります。その選任までの日数は申立前の準備に約1ヶ月、申立から選任されるまで2ヶ月から4ヶ月かかります。選任された審判書が届いてから、後見人の登記が必要ですが、登記が完了するまで1ヶ月程度かかります。合計で約4ヶ月は最低でも必要となります。成年後見人申立の添付必要書類としては戸籍謄本、登記事項証明書、診断書、住民票等です。

申立手続の流れとしては、申立の予約（約2週間かかっています）をし、申立書提出日に申立人、後見人候補者及び本人が出席できる場合は本人の即日面接があり、「申立書」「財産目録」「収支目録」等を提出して色々と質問を受けます（2〜3時間かかります）。診断書に対しては原則として裁判所からの依頼で医師の鑑定がされます。本人調査がある場合もあります。また、親族への意向の照会がされる場合もあります。

その他としては、本人の居住用不動産を売却する場合には裁判所の許可が必要です。不必要な売却についてては許可が下りません。

近年、司法書士は売主の本人確認、意思確認を厳格にするように求められておりますが、その判断に対しては明確な基準がなく困っております。今回の例では、もし司法書士が本人確認を怠り業者に言われるままに取引を済ませておれば、所有権移転登記は無効な登記となり、買主に対して責任を果たしたことになりません。司法書士は厳重な処分を法務局から受けます。また、業者外当事者の方も刑事罰の対象となります。

判断力の低下した方が不動産売却を予定されている場合には、早めに日住サービスの営業の方に相談されることをお勧めします。

40話　相続人

昔、こんな相談を受けたことがありました。

ある資産家の息子Aが父の全財産を相続しました。母も妹も同意していましたが、Aは急死してしまいました。相談はその妹からでした。母は同居のAの配偶者（妻）とその子（女の子1人）と仲が悪く、どうしたものか…という内容でした。相談者の妹も最近離婚したが帰るところもなく、実家の資産（家、土地、株、預金等）は全てAの妻とその子が相続して数年経っていました。…良い返事はできませんでした。

相続人は民法で次の通り定められています。第一順位「子」、第二順位「直系尊属」、第三順位「兄弟姉妹」。配偶者は常に相続人となります。

民法では色々と例外の規定があり、限られた紙面では説明しにくいのですが、実務においてよくある質問や疑問な点を少し書かせてもらいます。

養子（特別養子を除く）は実の子と同じで養親の相続人となります。その上、実親の相続人にもなります。すなわち4人の親の相続人となります。

養子の子は養子になる前に生まれた子か、養子になった後に生まれた子かによって養親との間で相続人になれるかどうか差異が生じます。例えば養子が養親の死亡前に死亡した時は、養子になった後に生まれた子（孫）は養親の財産を相続できます（代襲相続といいます）。養子になる前に生まれた子は代襲相続できません。

再婚した妻の子は、その夫の相続人となりません。夫とその子との間で養子縁組届を提出しなければなりません。再婚した後、生まれた子は相続人となります。

親が離婚しても、子は父・母の相続人となります。

相続人が裁判上の放棄をすれば、その子は相続人でなくなります。例えば債務が多くその相続人（子）が相続放棄すれば、相続人の子（孫）は債権者から請求されません。この場合は兄弟姉妹が相続人になる場合がありますので、子・親（生きておれば）兄弟姉妹全員で相続放棄することを勧めます。

相続人が不存在の場合、最終的には財産は国庫に帰属します。

相続人が不在者（連絡が取れない、行方不明等）の場合、失踪宣告（7年間の生死不明等）か不在者財産管理制度を利用し、管理人の選任を求めます。その上で家庭裁判所の許可を得て、管理人と分割協議します。

相続が発生してからは「相続放棄（裁判上）」「遺産分割協議」「相続分譲渡契約」「特別受益証明」等で対応し、相続が発生する前には「養子縁組」「遺言」「死因贈与（寄付）契約（公正証書で作成し執行者も選任しておく）」等で対策を考えることも可能です。

先の事例のようにならないためにも、また高齢化社会に対応できるよう配偶者に充分な配慮をしておくことが必要だと思います。

41話　寄与分

こんな相談を受けました。

姉2人と弟の3人の子を持つ父が他界し、弟Aが相談に来られました。Aは20歳ぐらいから父と同居し、家業を手伝い、父の老後はその仕事を継いで両親を養い療養看護をしたとのことでした。今般、父名義の住居を法定相続（各3分の1ずつ）し、売却して姉たちに分配するとの話です。他の財産はなく、土地・建物のみで、それを売却した後のことを考えると心配です。家業は廃業するとのことです。寄与分や特別受益、その他の話をしました。

寄与分

民法は「被相続人の事業に関する労務の提供又は財産上の給付、被相続人の療養看護その他の方法により被相続人の財産の維持又は増加について特別の寄与をした者があるとき」と条文の中で寄与分の存在を認め、当事者間で話し合いがつかない場合、家庭裁判所に分割を請求することができると規定しています。

今回の例の場合、最大限の寄与分はどれぐらいの額になるか知人の弁護士に質問したところ、「今まで知っている限りでは50％が最高ではないか」との回答でした。すなわち、土地・家屋が3000万円で売却できた場合、計算方法は省略しますが、その分割額は姉2人に各々500万円、Aは2000万円もらえるのが限度でしょうか。

特別受益

民法の中で「婚姻もしくは生計の資本として贈与を受けた者がある時はその額を相続財産に加える」と定めています。先の例では、姉2人が結婚の時やその後の生活の援助を受けておれば考慮することになります。この特別受益には時効の適用がありませんので、30年前の贈与でもかまいません。これは姉たちの受け取る金額の減額理由となります。

この他にAは土地・建物を単独名義にするために姉たちに現金を支払うことがあります。代償分割金といいますが、先の例では必ずしも1000万円を支払う必要はなく、姉たちが100万円でも200万円でも受け取ることに納得してもらえればいいのです。そして、分割協議書を作成することになります。その中に姉たちが代償分割金を受け取った内容の記載とAがその不動産を単独名義に分割したことを記載します。

このような問題で苦労しないようにするため、父が元気な時に遺言書を作成しておき、姉たちの遺留分請求を事前に解決（裁判所に遺留分の放棄の許可を受ける必要があります）しておくことができます。この場合には当然に話し合いの上、父や姉の協力がなければなりません。

42話　遺産分割協議書

私が司法書士会の相談会で受ける相談の内容の多くは、相続に関してです。考えてみれば人には必ず親が存在し、その相続の問題に直面します。その相続財産は色々で、負債もあります。

放っておいても、民法の規定で相続人が一定の割合（共有）で相続します。これを法定相続分といいますが、この状態では色々と不都合な場合が出てきます。

例えば、株式会社の株式3万株を3人の子が法定相続した場合、各々1万株ずつ株式を相続したことにはなりません。1人でその1万株の株主権の行使はできません。株主権の行使は全員で行使するか、代表を1人定めて株式会社へ通知した後でなければ3万株の株主権を行使できません。中小企業の同族会社の大株主の相続の場合、株式の相続で争いが起こると大変です。不動産や預金も同じ考えで、全員の共有となります。預金等では1人では出金できず、困っている方が多くいます。

このため、分割協議が必要となります。先の例で分割協議書を作成する場合、その中で「子Aが甲株式会社株式1万株、乙銀行預金1０００万円、何番不動産90坪の内分筆した何番不動産30坪を相続する。他の子Bは…」と記載し、相続人全員が記名し実印を押印し印鑑証明書を添付して、分割協議のあったことを証明します。

この分割協議は全員が参加するのが原則ですが、例外があります。

①相続人の内の１人から、その相続分の譲渡を受けた相続人等と分割協議することがあります。10人の相続人が存在する場合、全員で分割協議しにくい等々の理由から、８人の相続人の方から相続分の譲渡を受けた相続人１人と残りの相続人１人の合計２人で分割協議も可能です。これは、分割協議で紛争が起こっている時などに利用すると便利です。この場合、８人の相続分譲渡証明書と２人の分割協議書を作成することになります。

②特別受益証明書を発行した者を除いた相続人たちで分割協議する場合もあります。未成年者の相続人が私立の医大に行き莫大な資金援助を受けた場合、この特別受益証明書と残りの方の分割協議書を作成することもあります。

③家庭裁判所で相続放棄をされた相続人を除いて分割協議をする場合もあります。相続財

産の中に負債と居住用不動産がある場合に、その居住用不動産を相続される方以外の相続人が裁判上の放棄をすることもあります。

分割協議する場合、未成年者が存在すれば家庭裁判所で特別代理人を選任し、その特別代理人と分割協議することになります。この場合、その分割協議の内容は未成年者の権利が護られているか裁判所で厳格に判断されます。

43話　贈与

年末にかけて多くなる登記に贈与登記があります。

不動産を贈与すれば誰でも心配されるのは税金です。私たち司法書士も登記のことだけなら簡単に済ませられるのですが、税金がからんでくると慎重になります。

不動産バブルの時は配偶者に贈与する登記が多かったように思います。これは配偶者控除（2000万円）を使って居住用不動産を贈与し、夫婦の共有にしておくと、その不動産売却時に夫婦各々3000万円の居住用資産の売却時の利益に対する控除が受けられるというメリットがあったからと思われます。

最近は、感謝の意で妻に居住用住宅を半分贈与される方が多いように思います。将来的には相続対策にもなります。また、この登記は奥様に非常に喜ばれます。

その他には、親から子へ相続時精算課税制度の控除（2500万円、3500万円）の適用を受けて土地等の贈与登記もあります。

普通の贈与の場合、基礎控除は1年に1人110万円ですが、12月と1月に分けて贈与登記をすれば220万円の控除が受けられますし、妻と子2人に分散すれば110万円×3人×2回（12月、1月）で660万円分の控除を受けて贈与ができます。登記の件数は12月に1回、1月に1回の登記となります。

この時の不動産の価格は、土地は相続税課税のための路線価格、建物は固定資産税の対象となる評価価格となります。これらの価格は一般市場の売買価格より非常に安価となりますので、興味のある方は一度調べてみて下さい。

他に特殊な場合としては、債務の負担付贈与登記があります。例えば抵当権が設定された債務を受贈者が支払う条件でその不動産を贈与する場合などで、贈与税がかからない場合もあります。

44話　遺留分

遺言については書き残したことがあります。

遺言で何ももらえなかった人はどうなるのでしょうか。例えば妻と子2人を残して亡くなった夫が遺言で「（家族以外の）第三者に全財産を贈与する」という内容の遺言を残された場合はどうでしょうか。

民法では遺留分という制度を設けています。生活の保障と潜在的持分の精算という意味から、遺言者の自由な処分に制限を加えています。先の例では、本来妻2分の1、子4分の1、子4分の1が法定の相続分割合ですが、その2分の1、すなわち妻4分の1、子8分の1、子8分の1が遺留分として認められ、第三者に請求できます。

この請求権は遺留分減殺請求権と言われ、形成権とみなされています。少し難しいかもしれませんが、簡単に言えば、請求しなければこの遺留分減殺請求権は生じません。先の例では、妻子3人が第三者に対して遺留分減殺請求権を行使する意思表示をすればいいのです。内容証明郵便で相手方に通知して下さい。

　この減殺請求権は、夫の死亡日及び減殺すべき贈与のあったことを知った時から1年間で消滅します。また、夫の死亡日から10年経過すれば消滅します。「減殺すべき贈与があったことを知った日」の解釈は難しく、先の例では妻子がその遺言書の内容を知りかつ何ももらえないことを知った日になりますが、その日がいつに当たるのかは法律家に判断を仰いだほうが賢明だと思います。

　遺留分に関しては、「中小企業における経営の承継の円滑化に関する法律」（2008年10月施行）が成立しました。あわせて事業承継税制の改正（2009年度税制改正で創設）も予定されています。

　この法の中で遺留分減殺請求権の行使で後継者にスムーズな事業継承ができないという問題で、その解決策として一定の条件のもとに、生前贈与した自社株式などを遺留分の計算から除外したり、事前に相続人全員の合意により遺留分の計算に含める金額を決めておけるようになりました。事業承継に被相続人の意思を反映させ、かつ、紛争を防ぐことができます。

45話　筆界特定制度

皆様は土地を買う場合、その土地と隣地との境界線に紛争があったり、ポイント（境界標）が分からなかったり、隣人等がその土地を越境使用している状態であれば、その土地を買われるでしょうか。

土地の所有者で売却を考えておられる方や、財産価値の保持をしたい方は、隣地の土地所有者と境界について事前に話し合いをして筆界確認書や道路明示書（市・県の管理している道路の範囲を確定）を作成・取得されてはどうでしょうか。

筆界特定制度とは

境界線について隣地の所有者の同意が得られない場合、外部専門家（土地家屋調査士等）の意見を参考にして筆界特定登記官が筆界の位置について判断を示す制度です。

制度はいつから

２００６年１月20日より。

申請はどこへ

対象となる土地の管轄法務局の筆界特定登記官に対して申請します（兵庫県の場合、神戸地方法務局）。

費用は

申請手数料は土地の評価価格によって決まります。例えば対象土地（２筆）の合計額が４０００万円の場合、申請手数料は８０００円になり、それを含めて費用は概算で約20万円になります。その他に別途測量を要することがあり、その時にかかる測量費用は、坪数などにより変わってきますが概算で20万円から50万円になります。

期間は

約10ヶ月から1年かかっています。神戸地方法務局では、全国で一番申請が多く２７０

件ほどあり、今後さらに時間がかかる可能性があります。

利点は

・筆界確認の訴訟をすると多額の費用と時間がかかりますが、それに比べると短期間で小額の費用でできます。
・当事者による資料収集の負担が軽減されます。
・分筆、地積の更正登記に必要な書面が一部不要になります。
・費用は自己負担になりますが、希望によりポイント（境界標）を設置できます。
・後日、筆界特定手続記録の閲覧や筆界特定書の写しの交付請求ができます。

46話　犯罪収益移転防止法

私たち司法書士は、司法書士法により登記の際の「本人確認」「意思確認」が職責として義務付けられています。この義務違反に対しては、結果責任として「2年以内の業務停止または業務禁止」という罰則規定があります。

例えば２００８年1月、ある司法書士が債権者（金融機関）の依頼で抵当権抹消登記を申請したのですが、その登記申請の前に不動産所有者が亡くなり相続登記が完了していました。そのため本人確認を怠り、亡くなった方の名前で委任状を作成し登記申請したということで、業務停止1ヶ月の処分を受けました。

このように、司法書士には国民の権利擁護のために登記の真実性の確保が求められています。

２００８年3月から「犯罪収益移転防止法」が施行されました。

この法律の目的は「犯罪による収益の移転防止を図り、併せてテロリズムに対する資金供与の防止に関する国際条約等の的確な実施を確保し、もって国民生活の安全と平穏を確保するとともに、経済活動の健全な発展に寄与すること」というものです。

この法律では、特定業者に特定取引に関して本人確認義務、疑わしい取引の届出義務と取引記録や本人確認記録を検索できるように作成、保存するよう義務付け、罰則規定を設けています。

特定業者は銀行、保険会社、証券会社から貸金業者、宅地建物取引業者、弁護士、司法書士、公認会計士、税理士に及ぶ広範なものです。特定取引には不動産の売買が含まれます。

司法書士は当然にこの法律を遵守しなければなりませんが、この法律に規定された以上に厳しい執務規定が課せられています。

結果責任ではなく、形式的にも取引記録や本人確認記録の作成・保存が義務付けられました。このため司法書士会も、この法律に対応するよう具体的な規定基準を設けました。

私の事務所では不動産取引に関して次のように「本人確認」「意思確認」を行っていきます。

面談できる場合は、「運転免許証」「住民基本台帳カード」「旅券」「公的証明書（健康保険証、介護保険証、国民年金手帳)」「印鑑証明書」以上の中からいずれかの提示を受け確認します。

面談できない場合は、いずれかの写しを取得し、本人宛に転送不要書留か簡易書留により委任状などを送付し、返送の上、電話にて本人確認と取引の意思確認を口頭で行います。

また、不動産取引以外については、司法書士の職責に照らして適切と認められる方法で行います。

47話　相続登記は速やかに

私の事務所では、最近、相続登記の相談が多くなっています。

先日はこんな相談がありました。ご主人が亡くなられ奥様と独身の一人息子のお二人が相続人のケースでした。奥様は「将来、私が亡くなればこの家も財産も息子のものになるのだから、全部息子が相続したらいい。私が亡くなるまでは不動産は亡夫名義のままで相続登記もしなくてもいいのではないか」ということでした。

しかし、私は次のようにアドバイスしました。

「奥様はまだ50代です。20年、30年と生きていかれるうちに息子さんは結婚されて子供たちも生まれるでしょう。この不動産を息子さん名義に相続登記をしていたら、万が一息子さんが先にお亡くなりになった時には、息子さんの財産は全て息子さんの奥様や子供さんのものになりますよ。住み慣れた家を出なければならない場合も考えられます。また、相続登記をしておかないと税務上法律上は法定相続分で相続した財産とみなされます。

（この場合は2分の1ずつ）」

奥様は納得されて、現在居住されている土地・建物を奥様の名義に相続登記されました。

これはほんの一例ですが、相続登記はほったらかしにせずに速やかに行う必要があります。時間が経過するほど難しくなります。理由は、次のようなことが考えられるからです。

・考え方が変わる。
・相続人の死亡により、その配偶者や子供が相続人として加わる。
・財産価値の変化（それまでにもらった財産の高騰、下落）。
・相続人の破産などで債権者が相続財産を債権回収の目標財産としてくる（代位登記をされ差押される）。
・相続人が海外に出て居住してしまうと書類がもらいにくい。
・連絡が取れなくなる（息子さんが東京へ出たまま連絡も取れず、行方不明で失踪宣告した例があります）。
・相続人が病気などで判断力を喪失し、成年後見人の選任が必要となる。また、そのため交わしていた約束が履行されない。

・相続放棄（例えば夫が亡くなり子供が相続放棄すれば、夫の親兄弟との相続になる）。

ここで、相続登記について簡単に説明します。

必要書類

・除戸籍謄本（亡くなられた方の10歳くらいから死亡まで）
・除住所証明書
・相続人全員の戸籍謄本
・住民票
・印鑑証明書
・分割協議書
・不動産の評価証明書　等

費用

・登録免許税（不動産評価額×1000分の4）

・司法書士費用（約5万円～10万円）

アドバイス

・居住している不動産はできるだけその人の単独名義にする。

・不動産は共有にせず単有にしたほうがいい。共有だと不動産の処分や利用等に問題が起こりやすく、分割するのにも時間や費用がかかる。代償分割という方法もある。

・話し合いのつかない不動産は処分して、金銭で分割されるのも一つの方法。

48話　この登記はいつするの？　～登記の時期～

「建物新築・増築・滅失登記」「相続登記」「抵当権抹消登記」「住所変更登記」などは皆様が自分からしなければならない登記です。これらの登記はともすれば放置されがちですが、それでいいのでしょうか？

建物新築・増築・滅失登記

国会議員が建物の新築や増築登記をせずに問題になった事件を記憶されている方も多いと思います。これは、不動産登記法で「新築後1ヶ月以内に登記をしなければ10万円以下の過料に処す」と規定されているからです。また、固定資産税の脱税にもなり、5年遡って課税されます。不動産は全て登記されているという前提で不動産登記制度が成り立っているので、厳重な罰則が設けられています。特に法人の方は会社の建物が未登記であれば、株主、債権者などの利害関係者に対して信用を害することにもなり脱税の問題も発生します。新築後は速やかに登記しましょう。

相続登記

不動産所有者の方がお亡くなりになった場合、相続登記が必要です。この登記は相続人全員で話し合い、誰の所有とするか決めて登記します。話し合いがつかない場合には、法定通りの決まった割合に相続人の1人からでも登記できます。また、家庭裁判所の遺産分割調停で解決する方法もあります。相続登記はいつまでにしなければならないという規定はありませんが、いつかは必ずしなければならない登記です。後になればなるほど話し合いができにくく、また、相続関係が複雑になります。経験上、早くしたほうがよいと思います。

抵当権等抹消登記

この登記はすぐにしましょう。抵当権者からの書類が取得でき次第、自分自身であるいは司法書士に依頼して抹消して下さい。ほったらかしにしている間に抵当権者である個人の死亡、法人の解散が起こったり、書類を紛失したりで困っている方が沢山いらっしゃいます。場合によっては抹消登記に裁判を必要とし、多額の費用と日数がかかります。

住所変更登記

この登記はすぐにするべきか迷うところですが、登記簿には不動産所有者の住所と氏名しか表示されていないことを考えると、居住されていない不動産の住所変更登記は必ずするべきでしょう。何千万円、何億円の不動産の所有者の住所が違っていて連絡が取れないと、何らかの事故が起こるかもしれません。

49話　老後のライフプランについて一提案（任意後見制度）

私たち司法書士は、不動産売買において必ず売主本人の売却意思の確認をします。

その時、認知症等で本人の判断力がない場合には、法定成年後見人を裁判所で選任しなければなりません。不動産売買には、後見人が売主の代理人として署名・押印して取引します。

この法定成年後見人は、被後見人の全財産を管理・処分できるだけでなく、代理権、取消権、身上監護の権利義務などを持ち、本人が判断能力を失った場合の老後の生活を支える中心的役割を担います。しかし、本人の希望する方が後見人になるとは限りません。

そこで、後見人を自分で選べる「任意後見制度」があります。この制度の特色を書いておきますので、老後のライフプランについて遺言も含めこの制度（準遺言とも言われています）を加えてご検討下さい。

①本人が元気な時に全てを決めることができる
②後見人を本人が選べる
③後見人とは公正証書で委任契約を締結し、後日、登記事項証明書を発行してもらえる
（法務局に登記される）
④後見人への委任内容は限定できる
⑤介護のレベルなどの希望が託せる
⑥後見人には後見監督人が選ばれ後見人を監督する
⑦本人が判断力のなくなる前でも後見人を選任できる
⑧裁判所を通じて最終的に選任され監督されるが、法定の成年後見人制度ほど厳格でない
⑨他の契約（財産管理等委任契約、見守り契約、死後事務委任契約）などと合わせて考えると本人の希望が後見人に託しやすい
⑩本人が後見監督人を選任予定者として指定でき、その人に希望を伝えることができる
費用　公正証書作成　　約３万円（法務局登記費用を含む）

裁判所申請費用　約1万円（法務局登記費用を含む）

50話　公正証書遺言の勧め

不動産の所有者がお亡くなりになって名義を書き換えるには、相続登記が必要です。もし公正証書遺言があれば、他の相続人の同意なしに相続登記ができます。

公証役場で作成する公正証書遺言は、裁判所の検認などの手続きが不要であり、また、形式・内容に不備があって無効になることがありません。公正証書遺言の原本は公証役場に半永久的に保存され、いつでも再交付してもらえます。また、遺言者の死亡後利害関係者の申出で遺言書の存否をコンピューター検索してもらうことができます。

作成方法

①公証人が遺言者と事前に打ち合わせした遺言内容を
②証人2名の立会いのもとに
③公証人の面前で遺言者の意思確認して

作成されます。

必要書類・費用など

戸籍謄本、住民票、印鑑証明書、不動産の謄本など（詳細は個々に異なります）、費用は財産の額によって違いますが、例えば3000万円の不動産のみを1人に相続させる遺言書の公証役場費用は、約4万円です。

司法書士の立場から、次のような方には是非とも遺言書の作成をお勧めします。

・相続人がいない
・配偶者との間に子供がいない
・相続人間で争いがある
・相続人が行方不明で連絡が取れない
・相続人が海外に永住している
・特定の人に特定の財産を相続させたい
・事業などをしている

・相続人が多数いる
・相続人以外に遺贈したい
・相続人に未成年者や成年後見が必要な人がいる
・遺言者が外国人である
・節税のために孫などに遺贈したい

51話　心・技・体

数多の先輩諸氏のおられる名門北六甲カントリー倶楽部の会報に、50歳からゴルフを始めた私がこのような題目で本稿を書くことを２０１８年71歳の年に免じて許して下さい。

「兵法の極意は五常の義にある。仁（やさしさ）・義・礼・智・信」

これは柳生新陰流始祖石舟斎宗厳が高弟に授けた言葉です。

「やさしくネ　やさしくネ　やさしいことはつよいことなのよ」

これは息子が幼稚園時先生からの連絡帳に書かれていた言葉です。

私事ですが２０１４年1月に胃ガン宣告を受け、２回の手術の後、胃を全部失いました。

前年より体調が悪く引退も考えましたが、諸般の事情が許さず病と闘うことにしました。

手術に際して5kgの減量に挑戦しました。1ヶ月前より炭水化物を全て断ちましたが達成できませんでした。

次に術後1ヶ月以内にゴルフをやると宣言し、術後3日目身体に10本ほどの管や線を着けキャスターを頼りに大学病院の1周140mの廊下を歩き続けました。13日間で退院できました。

術後27日目の9月15日、北六甲西コース10番に立ちました。1打目は前の池へ、2打目も同じく、3打目にようやく超え10番を9点。以後力を抜いたのが良かったのかインを50点、昼からのアウトを46点計96点のスコアを得ました。このスコアカードは私の宝物となりました。

仕事のほうは退院の翌日より出勤し、前向きに、より積極的な方針で臨みました。数独等で能力の低下を知り、読書・数独・手帳2冊を作り毎日多く小さく書くことを心掛けました。朝4時に起き、昼食後は仕事場で横たわる日々でした。

体重も68kgからすぐに50kgに下がり、毎日の筋トレやラジオ体操を重ねましたが無理もできません。15年、16年も年間50回北六甲に来ましたが、スコアは下がる一方で100点を切れません。再度、基本からやり直そうと17年に好きなダンロップパースリーコースへ

8回行きました。少し復調となり、17年後半に88点を2回得ました。

私にとってスコアは結果で、目標ではありません。ナイスショット、パット、アプローチの爽快さは得難いものです。愛する北六甲で1日過ごせる楽しさは、1週間の苦労を忘れさせてくれます。

人はそれぞれ、時により場により求める心は異なります。私の今求めている心（言葉）は「愛・忍・勇・挑・楽」です。少しの愛する心、少しの忍耐、少しの勇気、挑戦する心、楽しむ心です。


最後になりましたが紙面をお借りして、健康を気遣い雨の日も雪の日も北六甲に連れ添ってくれた妻に深く感謝したい。ありがとう。

北六甲の皆様、キャディーの皆様、メンバーの皆様。２０１８年もよろしくお願い申し上げます。

皆様のご健康を祈念申し上げます。


（注　本文は筆者が北六甲カントリー倶楽部の２０１８年会報に投稿した文です。）

あとがき

浅学で老いた司法書士が書いた本を読んで下さり、ありがとうございます。50余年間の経験を書き綴った中の一文でも皆様のお役に立てたら幸いです。

14年間書き続けた時に注意した点は次の通りです。

・分かりやすい言葉で書くこと
・事例は短くし分かりやすくすること
・種々の対応を比較せず自身の対応を書くこと
・自身の対応は基本の学問書で誤りのないことを確認し、また専門書でも同様に学習した
・文の書き出しに特に思考を加え時間を割いた

苦労した点は題材探しでした。法人や銀行での経験は除きましたので、乏しい経験の中

で書けることが少なく追われる日々でした。また、18話「財産分与（離婚）」のような難しい題での文はなかなか書けませんでした。

私が本書を出版するに至ったのは、書き綴った50余編を客観的に評価してくれる人がなく、また自信もありませんでしたが、推薦者の竹中先生に何度も背中を押していただけたから実現できたと思っています。

竹中邦夫先生は京都大学法学部在学中に司法試験に合格し、裁判所・裁判官歴34年、公証人歴9年。その後、大阪にて弁護士として1年ほど活動されています。俊英で温厚篤実、得難い人と出会え、かつ推薦文まで書いていただけたのは好運だと思いました。感謝にたえません。

また、先生は70歳を過ぎて第二の人生を一人で歩み出される勇気、挑戦心をお持ちです。私の今後の師として後から追いかけていくつもりです。

振り返ってみて三代目として最大の危機は68歳の胃ガンの時でした。周りの状況から私もダメかと思いましたが、闘う気持ちで向かいました。胃の全摘手術の後、退院した翌日から勤務しました。友人の司法書士が事務所に来られ「顔色が悪いネ」と言われましたが、他のお客様にも病気のことは言わずに普通通りに業務を続けました。事務所の什器備品を全て替え、後日のため、古い書類等全て処分する等々前向きに対応しました。

その次の年の69歳の時、長男邦裕が土地家屋調査士試験に合格し支えてくれました。涙しました。2年後に次男吉史が司法書士試験に合格し、この時は歓喜しました。永い5年間でした。

73歳の春に司法書士法人の代表を次男吉史に譲り、一人の司法書士として職責を全うすることにしましたが、岸本事務所の礎となることは当然として、個人として残された人生を愛・忍・勇・挑・楽の言葉を大切に生きようと思います。

ここまで来れたのは多くの人たちのお陰だと感謝の気持ちで一杯です。お客様、先生方、お医者様……事務所の皆さん、最後には家族。数えきれない人たちの顔が浮かんできます。お礼の言葉にさせてもらいます。ありがとうございます。

最後になりました。私事ですが亡き父・母・兄・姉にお礼を述べたい。

亡き兄倍平と姉和子は終戦の1週間ほど前の1945年8月6日空襲で焼死しました。5歳と2歳でした。父は母を背負い両腕に、母は背中一面に大火傷を負いましたが逃げ延びました。兄と姉の遺骨は見つかりませんでした。

14ヶ月後に生まれた私に、父は自身の苦悩を断つために「和平」と名付けて私に未来を与え、4人の希望を託した。

ありがとうございます。

2020年8月6日早朝

プロフィール

司法書士　岸本　和平（きしもと　かずへい）
1946年生まれ
1969年　関西学院大学法学部卒業
　　　　司法書士試験合格　兵庫県司法書士会会員となる
1979年　司法書士岸本和平事務所　所長となる
1980年　測量士補合格
2004年　簡裁訴訟代理等関係業務認定される
2012年　名称を「岸本司法総合事務所」と定める
2013年　司法書士法人岸本事務所を設立　代表となる
　　　　一般社団法人日本財産管理協会に入会
　　　　同上の『財産管理マスター』資格認定される
　　　　公益社団法人成年後見センター・リーガルサポートに入会
2020年　司法書士法人岸本事務所の代表を退き社員となる

〈顧問・顧客〉
顧問　5社
顧客　法人・会社・金庫等約300社、個人多数
1980年より10年間登記事件件数年間平均6000件を達成

〈主な業務内容〉
不動産登記（相続・贈与・売買・抵当権抹消などあらゆる登記）
商業登記
相続財産承継業務（相続による預金の名義書換・解約払戻し・戸籍取得・相続人調査・財産調査・遺産分割協議書作成）
遺言書作成サポート業務（立案・公証人打合せ・証人立会い・遺言書保管・遺言執行者就任）
成年後見人業務（申立て・就任・財産管理）
相続放棄・自筆証書遺言検認・養子縁組届出など
お葬式後の相続手続きの一括代行（必要があれば各士業を紹介します）

〈連絡先〉
司法書士法人　岸本事務所
社員　岸本　和平
〒650-0015　神戸市中央区多聞通2丁目5番15号　泰平ビル
　　　　（神戸地方裁判所前　湊川神社近く）
TEL: 078-341-1575 FAX: 078-351-0929
ホームページ：http://kishimoto-shiho.jp

三代目司法書士乃事件簿

2020 年 10 月 6 日　第 1 刷発行

著　者　岸本和平
発行人　大杉　剛
発行所　株式会社 風詠社
〒 553-0001　大阪市福島区海老江 5-2-2
大拓ビル 5 - 7 階
Tel 06（6136）8657　https://fueisha.com/
発売元　株式会社 星雲社
（共同出版社・流通責任出版社）
〒 112-0005　東京都文京区水道 1-3-30
Tel 03（3868）3275
装幀　2 DAY
印刷・製本　シナノ印刷株式会社

ISBN978-4-434-28076-4 C2032